CASA GILARDI

El último testigo de Barragán

José Luis Álvarez Tinajero I Martín Luque Pérez

node. + CASA GILARDI

Casa Gilardi
El último testigo de Barragán

Publicado por
Actar Publishers, New York, Barcelona
www.actar.com

Autor y editor
José Luis Álvarez Tinajero

Editor
Ricardo Devesa, Actar Publishers

Coautor
Martín Luque Pérez

Diseño gráfico
Sofía Sandoval, Actar Publishers

Contribuciones
Toyo Ito, Charles Renfro, Neil Denari, Ryue Nishizawa, Michelle Delk, Paul Lewis, Kengo Kuma, Rafael Aranda, Carme Pigem, Ramon Vilalta, Thom Faulders, Alvin Huang, Gerard Loozekoot, Jorge Vázquez del Mercado, Julio Jiménez Sarabia, Ricardo Devesa, César Bejar, Eduardo Luque.

Revisión y traducciones al español
Anna Tetas

Revisión y traducción al inglés
Angela Kay Bunning

Revisión y traducción del japonés
Alan Gleason

Impresión y encuadernación
Arlequin & Pierrot, Barcelona

Distribución
Actar D, Inc. New York, Barcelona.

New York
440 Park Avenue South, 17th Floor
New York, NY 10016, EE. UU.
T +1 2129662207
E salesnewyork@actar-d.com

Barcelona
Roca i Batlle 2-4
08023 Barcelona, España
T +34 933 282 183
E eurosales@actar-d.com

Indexación
ISBN: 978-1-63840-038-7
Disponible en inglés bajo el título de *Gilardi House: Barragan's Last Witness*, con el ISBN 978-1-63840-037-0

Impreso en Europa
Fecha de publicación: Enero, 2024

Patrocinadores

lumen® todo para crear
BROISSIN
Universidad La Salle® México
aci®

Agradecimientos y dedicatorias
M.Arch, José Luis Álvarez Tinajero

Para Don Martín Luque Valle
(1948 – 2022)

Gracias por su cariño, por su confianza, por compartir sus anécdotas, por las risas, por su gran sentido del humor y su finísimo sarcasmo... Se va lleno de amor y de admiración de todas las personas que tuvimos el gusto de conocerlo. Este es su legado, hasta siempre.

Un agradecimiento muy especial a Martín Luque Pérez. Hermanito, sin ti, este proyecto no se hubiera logrado.

A la familia Luque por permitirme dar a conocer su hogar, no la casa Gilardi...

Un agradecimiento muy particular para Alex Reyna, gracias por tu apoyo y por creer en nuestro proyecto.

Estoy en deuda con todas las personas que desinteresadamente participaron de este libro:

Toyo Ito,
Charles Renfro / **Diller Scofidio + Renfro,**
Neil Denari / **NMDA,**
Ryue Nishizawa / **SANAA,**
Michelle Delk / **Snøhetta,**
Paul Lewis / **LTL,**
Kengo Kuma **/ KKAA,**
Rafael Aranda – Carme Pigem –
Ramon Vilalta / **RCR Arquitectes,**
Thom Faulders / **Faulders Studio,**
Alvin Huang / **SDA,**
Gerard Loozekoot / **UN Studio,**
Julio Jiménez Sarabia / **ULSA,**
Jorge Vázquez del Mercado / **UAS,**
Ricardo Devesa,
Antonio Cárabez Sandoval,
Leonora Flores,
Eduardo Luque Pérez,
Cesar Béjar y
Carlos Alcocer.

Quisiera expresar mi gratitud a las personas que contribuyeron e hicieron este libro posible;

Alejandro Reyna,
Gerardo Broissin / **Broissin Arquitectos**,
Homero Hernández Tena / **ULSA**,
Jorge Iturbe / **ULSA**,
Mario Trejo Cuevas / **ACI**,
Arq. Luis Méndez / **LUMEN**.

A ustedes...

Margarita Tinajero Montoya, José Luis Álvarez Hernández, Gabriella, Yvette, Sebastián, Samantha, Peter, Pao, Ale, Emma, Marta García Martínez, Agus y Lucia Fortuna.

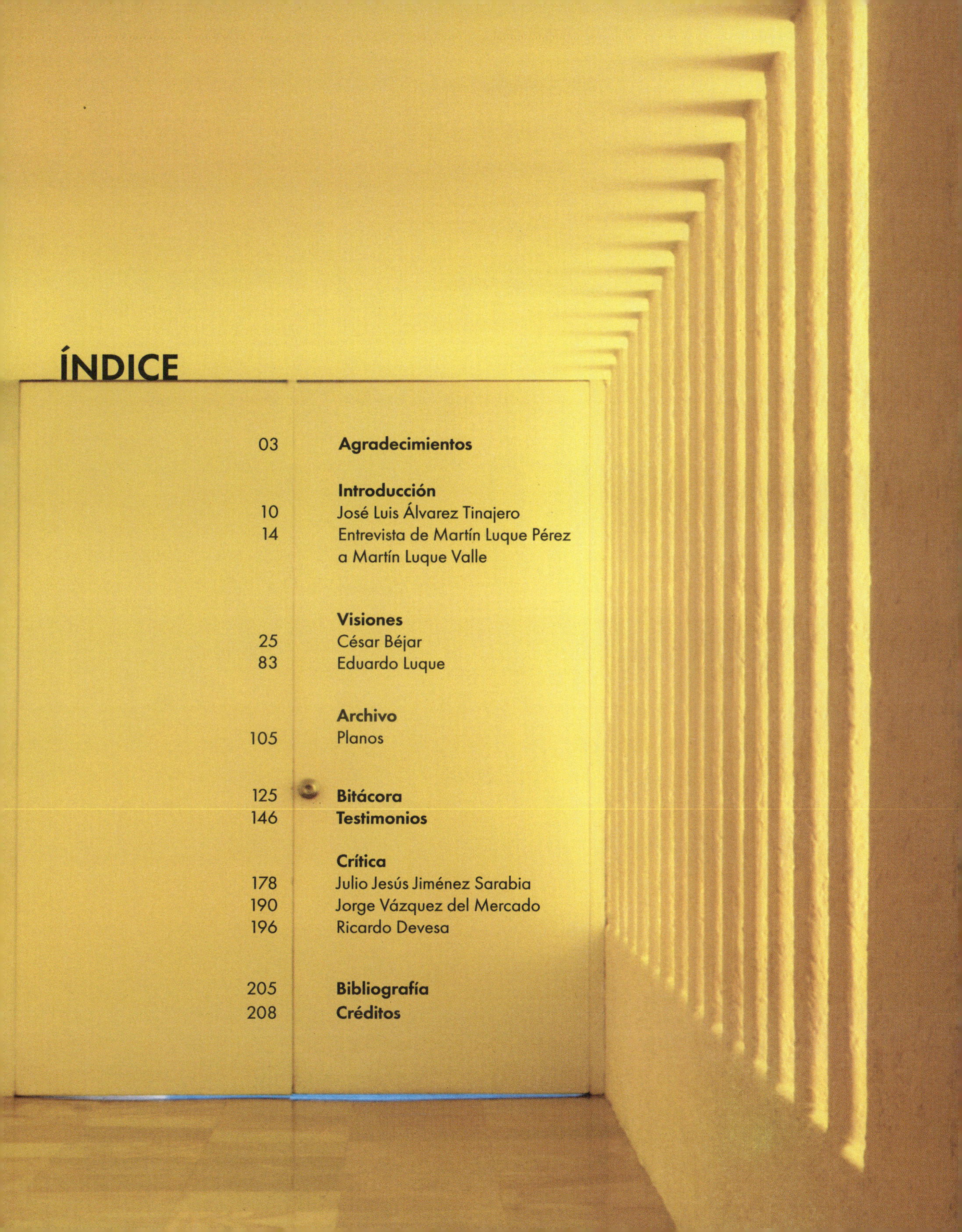

ÍNDICE

Introducción - José Luis Álvarez Tinajero

Entrevista - Martín Luque Pérez a Martín Luque Valle

Una historia muy especial

M.Arch, José Luis Álvarez Tinajero - **node.**

La casa Gilardi tiene una historia muy particular, única y de poca gente conocida. Situémonos en Ciudad de México, entre finales de los años 60 e inicios de la década de los 70. Imaginemos una compañía publicitaria a cargo de dos socios y más importante aún, grandes amigos, Pancho Gilardi y Martín Luque.

Pero, ¿qué sucedía en México en esa época? En 1966, el Arquitecto Pedro Ramírez Vázquez es nombrado presidente del Comité organizador de los Juegos Olímpicos próximos a celebrarse en 1968. Dichos juegos, serían los primeros en acontecer en Latinoamérica, el arquitecto tenía una sola encomienda, utilizar este evento deportivo de talla internacional para situar a México dentro del panorama mundial, presentando una imagen del país de innovación y vanguardia.

Es así que Ramírez Vázquez, además de la organización propia de los Juegos, decide crear varios programas culturales y de identidad alrededor de los mismos.

Para esto, forma un equipo de más de 250 personas, entre ellas escritores, investigadores y diseñadores, establece una increíble maquinaria de diseño, comunicación y mercadotecnia, contando con el apoyo de personajes como Mathías Goeritz, Óscar Urrutia, Abel Quezada, Luis Aveleyra, y Lance Wyman entre otros. Este talentoso grupo tuvo la encomienda de generar una "nueva identidad" nacional y una imagen de modernidad que mostrar al mundo de nuestro país.

Es importante mencionar que, en ese momento, México atraviesa una crisis política sin precedentes, y que dos días antes de la inauguración de los Juegos Olímpicos, se da el terrible incidente de la matanza de estudiantes en la Plaza de las tres culturas en Tlatelolco, durante el mandato del presidente Gustavo Diaz Ordaz (1964-1970).

Después de las Olimpiadas, Lance Wyman tuvo varios proyectos más en México incluyendo colaboraciones con Barragán, Goeritz y Legorreta, y es gracias a estas colaboraciones que Gilardi y Luque se ven expuestos por primera vez a la obra de Barragán.

Cuenta Don Martín Luque en una entrevista que una campaña publicitaria que realizaron en la Cuadra San Cristóbal, los deja marcados con la obra de Barragán. A inicios de los 70, Gilardi y Luque compran un terreno en la Colonia San Miguel Chapultepec, a una cuadra de donde se encontraba su oficina de publicidad sobre la Calle General León. Este terreno lo conciben como una inversión, pero jamás visualizan un proyecto concreto como tal. En ese momento no imaginaban lo que pasaría con ese solar y mucho menos, la intervención de Barragán en su propiedad.

En aquel periodo, la agencia publicitaria gozaba de mucho éxito, la situación económica era óptima, la cartera de clientes era importante, y ambos socios estaban acostumbrados a tratar todo el tiempo con personajes del espectáculo, figuras públicas, además de atender y organizar eventos sociales, fiestas, recepciones, etc.

Es durante una cena con los arquitectos Juan Cortina del Valle y Aurelio Martínez, con quien Gilardi tenía una estrecha amistad, que le pide diseñar una casa en el terreno que habían comprado recientemente: una casa con el estilo de "Barragán".

Aurelio Martínez inmediatamente se niega, argumentando que él no copia estilos, o no hace cosas "estilo Barragán", y con sarcasmo los incita a que lo busquen personalmente para que les diseñe su casa.

Ambos socios se quedan atónitos y expresan que es imposible pedir este proyecto directamente al Arq. Barragán, a quien no tienen acceso, siendo absurdo siquiera pensarlo.

Obviamente conocían la obra del arquitecto, sabían de su relevancia profesional y habían visto su trabajo publicado, no solo en México sino en diferentes partes del mundo, por lo cual esa idea era casi irreal. Sin embargo, el Arq. Juan Cortina les ofrece conseguir una cita con Barragán, ya que lo conocía, y es así como se da el inicio de la relación.

El Arq. Barragán acepta entrevistarse con ellos y los invita a su Casa Estudio ubicada en la Calle Gral. Francisco Ramírez. Acompañados por un buen café, después de una charla extensa, les pregunta la razón por la cual lo buscaban para que les diseñara su casa, qué los motivaba, qué ideas tenían y sobre todo, qué pretensiones había. A pesar de ello, Barragán les explica que lleva 10 años retirado de la profesión por segunda vez, que en ese momento su foco residía en los desarrollos inmobiliarios de gran escala, y que, por lo tanto, no los podía ayudar y desgraciadamente debía rechazar su proyecto[1].

De manera paralela es importante hablar ahora de Emilio Ambasz, arquitecto argentino, Curador de Diseño del MoMa (The Museum of Modern Art en Nueva York) entre 1969 y 1976, y considerado como el precursor del movimiento "Green Architecture".

Ambasz, quien conoció la obra y al mismo Barragán años atrás, ahora al frente de una institución tan importante como el MoMa, decide visitar México en 1974 con una misión muy específica: montar una exposición monográfica de la obra del Arq. Barragán en el MoMa, y presentar en dicha exhibición una postura nueva del arquitecto, llevándose el crédito de ser el punto de referencia de la arquitectura contemporánea en México.

Emilio Ambasz visita a Barragán con dicha propuesta que tenía una sola condición, presentar algún proyecto nuevo e inédito. El acepta encantado el reto, sin embargo, carecía de un proyecto nuevo que mostrar. En ese momento recuerda el proyecto que había rechazado anteriormente de los jóvenes publicistas.

Es así como Barragán le comenta a Ambasz que tuvo una propuesta de un par de jóvenes para realizar una casa completamente nueva, le explica que desconoce qué tan real sería dicho proyecto, ya que no estaba seguro si estos jóvenes tenían la solvencia económica suficiente para llevarla a cabo. Sin embargo, Barragán le pide a Ambasz que lo acompañe, tenía curiosidad por visitar el terreno, y hablar del proyecto con Gilardi y Luque, todo con la finalidad de entender si existía una posibilidad real de llevar a cabo el citado proyecto. Dicho esto, el arquitecto se comunica con Gilardi y Luque y se hace una cita en la Calle General León número 82 para conocer el sitio. Los jóvenes no podían creer que Barragán les hubiera pedido reunirse y que estuviera interesado en su proyecto.

1. Nota al lector.
La primera vez que Barragán se retira, es a principios de los años 40, cansado de los clientes, decide alejarse de la profesión y dedicarse al desarrollo Inmobiliario, como ejemplo; Jardines del Pedregal (proyecto de 3.5 millones de metros cuadrados). Es importante resaltar, que este fue un proyecto muy importante para su carrera ya que, en él, explora, crea y desarrolla la relación entre arquitectura y naturaleza, el paisaje y la tierra que tanto buscaba.
El concepto de crear a partir del lugar.

Ambos se organizan, se preparan, llegan a la cita, y le plantean al Arq. Barragán su idea, sus necesidades, expectativas, teniendo de testigo a Ambasz.

Un dato curioso a compartir es que en el interior del terreno, actualmente el Patio central de la casa Gilardi, Barragán observaba una descomunal y majestuosa Jacaranda, ésta es parte del legado viviente del inmigrante japonés Tatsugoro Matsumoto, arquitecto paisajista que había trabajado en el palacio imperial en Japón, y principal responsable de que hoy disfrutemos el color de las Jacarandas anunciando la llegada de la primavera en la Ciudad de México.

Cuentan que, en aquella primera junta, Barragán en presencia de Ambasz, les expresa a Gilardi y Luque; "La Jacaranda no la vayan a tirar porque voy a proyectar la casa en torno a este árbol", y es así como da inicio la historia de la casa Gilardi, simplemente con un par de palabras y un croquis en sitio que afirmaban de la manera más sutil, que llevaría a cabo dicho proyecto.

Definitivamente podríamos seguir escribiendo muchas páginas más acerca de la historia de dicha casa, sin embargo, ésta continúa extendiéndose al día de hoy.

Es sabido que Barragán dio pocas conferencias, nunca formó parte de la academia, y escribió y habló muy poco en público acerca de sus conceptos con respecto a la belleza, la estética y la arquitectura, él mismo nunca quiso entrar en ese juego teórico o academicista para describir o justificar lo que hacía, explicaba de manera clara y contundente que fue un autodidacta, y que la gran mayoría de sus conocimientos y nociones se formaron gracias a los viajes, los libros, las conversaciones con sus amigos, y más importante aún, una sensibilidad intuitiva continuamente alimentada por sus vivencias, sus experiencias, el paso del tiempo y su pasión por lo que él consideraba "bello". Lo menciona en su discurso de aceptación del Premio Pritzker, *"La 'Belleza', es una idea difícil de definir para mí, pero creo que todos la reconocemos cuando está presente."*

Es por esta razón que a veces recurrimos a otros personajes para poder entender a Barragán. Ambasz por ejemplo, describe la obra de Barragán como autobiográfica, y en este fragmento de un texto de Elena Poniatowska, el mismo arquitecto explica el porqué;

Estoy enraizado en México, tuve la suerte de haber vivido en provincia, en pequeños pueblos y haber conocido mucho la vida de las rancherías. En mi infancia están mis mejores recuerdos y mis mejores sueños. Mi infancia en el campo me marcó definitivamente. Creo, como lo dice Emilio Ambasz, que lo que hacen los escritores, los pintores, los artistas en general es siempre autobiográfico. Inconscientemente los recuerdos de mi infancia resurgen en mi obra; por eso hago abrevaderos o bebederos para caballos, y escojo ocres y rojos, colores de la tierra, colores de la sangre[...][2].

Para finalizar, me gustaría compartir una frase que dijo Barragán en una entrevista y que sintetiza de la manera más elocuente y sincera su quehacer como arquitecto, y que para mí describe perfectamente lo que es y lo que significa la casa Gilardi:

"Me doy cuenta de que nunca he sabido transmitir sino emoción."

Luis Barragán

2. Elena Poniatowska, *Todo México*, México, Diana, 1990, tomo i, p. 29.

Entrevista de Martín Luque Pérez a su padre Martín Luque Valle

Martín Luque Pérez: Vamos a platicar un poquito con mi padre para conocer su vida, su experiencia, y acercarnos de una manera más cálida y humana a la obra de Luis Barragán. Esta a veces es muy técnica o abstracta pero tenemos aquí la oportunidad de hacerla más dinámica.

Les presento a mi padre. Él es Martín Luque Valle, nacido en Guasave, Sinaloa. Mi padre tuvo la fortuna de ser el último cliente de Luis Barragán, y eso lo hace uno de los pocos testimonios con los que hoy contamos sobre el arquitecto.

Bien, pues empecemos. ¿Quién fue Pancho Gilardi, papá?

Martín Luque Valle: Pancho Gilardi fue un publicista y fotógrafo con muchos alcances: un hombre siempre muy adelantado a la época que se estaba viviendo.

Lo conocí en una cena en casa de Ricardo y Rosalinda. A partir de la conversación que tuvimos esa noche nos hicimos muy buenos amigos.

MLP: ¿En qué momento se hicieron socios?

MLV: Eso ocurre tiempo después, cuando empecé a trabajar en una disquera. Ahí fui contratado por Jorge Alberto Riancho y Pedro Armendáriz Jr., la agencia de publicidad de Pancho llevaba la imagen. Así fue el inicio de nuestra amistad. Yo tendría unos 21 o 22 años y Pancho tenía entre 25 y 26.

Yo coordinaba a artistas para las fotografías de portadas y otro material de promoción. Entonces tenía contacto directo con Pancho y también una relación muy buena. Pasó el tiempo, alrededor de 6 años, y de repente hubo una oportunidad para irme a trabajar con él a la agencia.

MLP: ¿Cuánto tiempo trabajaron juntos, qué lograron?

MLV: Mira, es infinito lo que se puede hacer trabajando. Empezamos con clientes nuevos, grandes cuentas como Samsonite, Capitol, Televisa en la parte editorial, entre muchas otras. Era tal nuestro éxito y promesa de crecimiento que decidimos cambiarnos de la colonia Roma, Colima 396 era nuestra dirección, a la colonia San Miguel Chapultepec.

Nos cambiamos a General León 65, y fue Estela, una vecina y amiga, quien descubrió que se vendía una casita en el número 82. Nos habló por teléfono y de inmediato salimos para verla; la compramos al día siguiente. En ese momento la agencia estaba en su mayor auge.

Compramos el terreno sin tener una idea en mente. En ese momento Luis Barragán era para nosotros inspiración. Usábamos en nuestros proyectos muros de colores inspirados en lo que él hacía o utilizábamos como locación de campañas construcciones como las de la Casa Prieto o la Cuadra San Cristóbal. Ahí es cuando se te cae el mundo de ver esa cosa tan hermosa, ¿no? Desde el portón al entrar, el camino, la fuente, las caballerizas y hasta los animales: los gansos, los guajolotes, los borreguitos. Todo lo que había ahí, era una cosa de otro mundo. Muy bonito. Hermoso.

MLP: Entonces ustedes tienen un primer acercamiento en la Cuadra San Cristóbal y les inspiró su lenguaje arquitectónico.

MLV: Claro, era una inspiración. En una comida, era primero de mayo, lo recuerdo muy bien, surgió la idea. Comíamos con el arquitecto Juan Cortina del Valle, Eduardo Uribe y Aurelio Martínez. La idea que surgió fue que queríamos hacer una casa con el estilo de Luis Barragán. Con el lenguaje, con los muros de colores y no sé qué tantas cosas.

Pancho, que era amigo muy cercano y querido de Aurelio le dijo: "tú vas a hacer la casa", Aurelio de inmediato se negó con un: "yo no hago copias, ni estilos, ni imitaciones de nadie". Tras una pequeña discusión Juan dijo, a manera de broma: "¿y por qué no se la pides a Luis Barragán?". Pancho tenía oportunidad de contactarlo porque su tío, Julio Gilardi, era muy buen amigo de Barragán y tenían una relación por los caballos, pero ni pensarlo.

Juan Cortina, el arquitecto, también tenía contacto con la casa de Luis Barragán y pidió una cita, ¡qué nos la dan! El lunes a las once de la mañana, dijo. Fuimos más por curiosidad, para conocerlo y ver qué sucedía. En ese tiempo Barragán ya era un personaje muy reconocido, muy admirado, ¿una cita con él? ¡Pues vamos a ver qué pasa!

Llegamos a la cita. Nos encontramos frente a Barragán, y lo primero que dice, muy solemne fue: "muchachos una disculpa, porque me sorprendió que unos jóvenes como ustedes, que estoy aquí viendo, quieran que yo les haga una casa. A ver platíquenme, ¿cómo?, ¿por qué?". Entonces empezamos a platicar nuestras experiencias aquí y allá.

Fue una conversación muy, muy agradable.

MLP: ¿Cómo era esa seducción de Barragán a un cliente? Pues después de varios años te das cuenta que te seduce todo el tiempo. ¿Cómo fue?

MLV: Absolutamente, sí. Nos recibieron, nos invitaron a sentarnos en una banca, después nos pasaron a la sala que está al lado de las famosísimas escaleras. Los ojos los pelaba para todos lados viendo de qué se trataba. Cuando conversamos, dijo: "muchachos, perdóneme, discúlpeme, pero yo tengo 10 años retirado. Así que pues no. No es posible que yo haga una casa".

Nos regresamos a la agencia a trabajar, muy entusiasmados por haberlo conocido aunque se negara a construir la casa. Encantados de la vida de haber tomado un café con él y que nos recibiera de esa manera tan solemne y amable, ¡para él también era una novedad que estuviéramos ahí!

Pasaron unos tres meses, estábamos una mañana en la agencia. Suena el teléfono, contesta la secretaria, ¡era Barragán! Quería ver el terreno a esa hora porque era el momento del día en que le gustaba la luz. "¡Vámonos, vámonos, vámonos!" Pancho brincaba de la alegría, era una persona muy emocional.

Esa fue la primera vez que lo vimos en la calle.

MLP: ¿Con quién venía?

MLV: Esa fue nuestra sorpresa, que venía con Emilio Ambasz, un arquitecto italo-argentino que radicaba en Nueva York. Él ya había trabajado en unas obras en México y conocía a Barragán.

MLP: Claro. Emilio Ambasz es un arquitecto italo-argentino que llevaba parte de las exposiciones de arquitectura del MoMA. Ha estado involucrado múltiples veces en la Bienal de Venecia. Es pionero de edificios verdes y se le conoce en el mundo de la arquitectura como un gran gestor. ¿Qué quería Ambasz de Barragán?

MLV: El MoMa decidió hacer una exposición individual de Barragán, donde por cierto era consejero. Decidieron que Ambasz, que había conocido a Barragán y que además hablaba español fuera quien lo visitara. Por eso estaban juntos aquel día.

Nos hicieron la llamada porque todo lo que ya había hecho Barragán estaba publicado, y nuestra propuesta era la única que tenía. Emilio lo convenció de que nos llamara para ver nuestro proyecto "a ver si no han buscado ya otro que les haga la casa".

Lo primero en lo que se fijó al conocer el terreno fue la jacaranda que ahora ocupa el patio. "Esta es de las que plantó Matsumoto, el florista de la burguesía mexicana. No me la vayan a tumbar porque voy a girar la casa alrededor de este árbol".

MLP: Pero antes de eso no les había dicho que sí haría la casa.

MLV: No, pero al estar en el patio dijo, "aquí te voy a hacer lo que necesitas, lo que quieres". Ahí mismo empezó a bocetar y al terminar se lo entregó a Emilio. El croquis que necesitaba de Barragán para publicar la retrospectiva del MoMA.

Eso fue un jueves, al siguiente lunes ya estaban las máquinas afuera.

MLP: En términos de la seriedad de un arquitecto como Luis Barragán, ¿qué nos puedes contar? ¿Cómo fue el trato con Barragán en el diseño, en la obra, en los pagos?

MLV: Mira, empezó el sábado. Barragán tenía una plancha maravillosa con la pura jacaranda clavada en el medio. Se veía hermoso el árbol ahí. En una plática nos dice, muy humildemente, que lo dejáramos hacer lo poco que a él le quedaba en la cabecita.

Para nosotros eso fue tremendo. Teníamos experiencia con los clientes a los que hacíamos campañas. Que ponle, que quítale. Era muy molesto, Pancho se ponía negro del coraje cuando nos tumbaban un proyecto. Por supuesto que la repuesta fue, arquitecto, por favor, haga lo que usted tenga ganas.

Nosotros cada semana andábamos correteando la lana, eran muchos pagos cada semana para sueldos, material ¡y avanzaban muy rápido! El arquitecto nos dijo, ustedes no se preocupen por mi paga. Ya le habíamos hecho dos pagos, y efectivamente, eso fue todo. No nos volvió a cobrar un peso.

MLP: ¿Cómo juntan el dinero? Además de los proyectos de la empresa, que esto siempre cuenta. Hay una historia muy curiosa que siempre cuentas, cuando Pancho te arrebató un cheque.

MLV: Mira, Pancho te decía, ve por el cliente y no vuelvas si no traes el dinero. Porque esto tiene que continuar. Y pues sí, fui con el cliente y efectivamente llegué con un cheque. Así era Pancho, como que te echaba a la calle y órale. Cada que iba por un cheque, regresaba con él para pagar la obra, nómina, materiales y todo. Antes de la obra los viajes que hacíamos eran en Concord, primera clase, hoteles de lujo, cuanta cosa.

MLP: Se les acabó.

MLV: Se acabó, además la facturación se nos fue para arriba. Fue el momento en el que montamos un taller de fotomecánica con escáner, que era novedad en aquel tiempo. Eran los primeros que enviaron a México. Pancho decía que era brujería.

Pues fuimos los pioneros en México. Aún con la agencia de publicidad. ¡Trabajamos 24 horas!

Y en la experiencia pues fíjate que siempre seguimos viajando, no tan seguido pero era necesario saber qué hacían en otras partes del mundo como Italia o Francia; estaban siempre muy adelantados.

MLP: Fíjate, es muy curioso porque a nosotros como arquitectos se nos olvida la friega que es conseguir dinero. De pronto tenemos muchas dudas, pero se nos olvida mucho la parte humana, todo el proceso que implica. Pagar materiales, nóminas, para que el arquitecto decida de un día al otro que un muro ya no va.

¿Cómo se ponían ustedes con ese tipo de acciones?

MLV: Pancho decía, qué bárbaro ¿ahora que irá a tumbar?, le platicaba a los albañiles. Ahí viene el loco. Nos va a hacer tumbar acá, allá. Pero siempre dejamos que hiciera lo que él quería. Se le veía muy emocionado. Todos los días a las once de la mañana venía a revisar la obra.

Ya cuando casi terminaba estábamos viendo un muro morado, llegaba con sus muestras buscando el color. Me dió su bastón y caminó hasta el otro extremo. Estaba buscando el color de la jacaranda. La quería sacar con Pantone para igualarla.

Fue el color de la flor lo que lo convenció, porque incluso pensó en un tono naranja, pero al ver la jacaranda dijo "¡este es!".

Y un día, no recuerdo exactamente el año, 1976 o 1977, a Chucho Reyes Ferreira le dan el Premio de las Artes y Pancho me dice, "agárrate, nos va a llevar José ahorita a trajearnos porque le van a entregar el Premio de las Artes a Chucho Reyes Ferreira y Barragán quiere que lo acompañemos, no, no, no...".

MLP: Era una persona ya solitaria.

MLV: Sí. Y nosotros llegamos con Luis Barragán y Chucho Reyes, ya Chucho ya no caminaba, andaba con su silla de ruedas.

Muy emocionante la premiación. Lástima que no había de estas fotos.

MLP: Ni Instagram, no había likes.

MLV: No había nada de eso, sino imagínate todo lo que nos hubiéramos tomado.

MLP: Todas las selfies.

MLV: Sí.

MLP: Oye Pa, una pregunta que nunca te había hecho ¿cuándo es la primera vez que entras a la obra y dices, ah cabrón ¿qué es esto?, porque no es fácil de entender. Esto no parece casa.

MLV: Nunca entendimos.

MLP: ¿Ni el primer minuto?

MLV: No, nunca le entendí nada, nada. Todo olía a cemento, a ladrillo, a pintura; muchachos por allá subiendo, bajando y un montón de cosas. Llegaban las cajas de talaveras, llegaba la madera, llegaban los pisos. Y pues no sabíamos qué estaba pasando.

MLP: Siempre fue rienda suelta.

MLV: Siempre, siempre. Este proyecto lo hizo con tanto gusto, con tanta alegría, como si supiera que fuera su despedida. Lo mismo que los muebles. Comedor, recámaras, la mesa al centro, que algunas ya dieron la vuelta al mundo por cierto. Se los llevaron.

MLP: ¿Cuál es tu primera imagen de la construcción de la casa? Cuando están levantando qué muro, qué parte? ¿Por dónde empezó? Por atrás, por adelante.

MLV: Empezó lo que es el edificio. El cuerpo rosa. Y cuando traía las cosas siempre decía que los colores no le asustaban, para nada, ¿me entiendes?

MLP: ¿Es el chiste, no?

MLV: Es el chiste y el rosa, pues ya ves, ahora todo México está pintado de rosa. Pero luego también ves los códices y ves que esos colores vienen desde antes de que llegaran los españoles a México.

MLP: Entonces ustedes empiezan a darse cuenta que esto es especial, que esto es único ¿qué platicaban tú y Pancho? ¿Soñaban despiertos?

MLV: Completamente y nos abrió más los ojos.

MLP: ¿Cuándo te das cuenta que estás con un arquitecto que es otra cosa?

MLV: Siempre supimos que era Barragán, pero en París, ver los planos en una revista, fue un chingadazo. La directora de la librería nos preguntó por qué nos había llamado tanto la atención, ¡porque nosotros vivimos en esta casa!

Bueno, la mujer no lo podía creer. Nos pasó una vez en Nueva York, con la agregada cultural de los Rockefeller, no sabes, nos recibieron de maravilla ahí. Y todavía no nos caía el veinte de qué estaba pasando, hasta un día que llegó uno de Banco de América de Estados Unidos que querían hacer unas fotos aquí para anunciar el banco.

MLP: O sea, ustedes de jóvenes sabían que Barragán era un arquitecto famoso, pero hasta ahí.

MLV: Sí, sabíamos lo del Pedregal, de San Ángel y todo este rollo, pero no entendíamos que ya estaba en otro nivel.

MLP: ¿Y no los asustó? Es decir, ¿por qué viene esta compañía y quiere tomar fotos?, ¿por qué viene tal persona y quiere verla?

MLV: Creíamos que era por los colores. Hasta que muy adelante nos dimos cuenta dónde estábamos parados. Es una herencia maravillosa que hemos gozado y ustedes mis hijos, pues no se diga.

MLP: Pa ¿Cuándo se mudan a la casa? ¿Ya estaba terminada o en obra negra?

MLV: En obra negra. Yo pagaba renta en la Condesa, en la calle de Culiacán y Pancho vivía en Tecamachalco. Pensamos que dejar de pagar renta era lo mejor, en cuanto hubo un cuarto con baño. Había que cambiarnos de un cuarto al otro en lo que terminaban.

MLP: ¿Fueron habitando la casa en obra negra?

MLV: Así es, por partes, así es. Y Gloria, la que fue cocinera, se cambiaba también. Y salimos adelante muy bien.

MLP: ¿Cuándo te das cuenta que la casa ya está terminada? ¿Cuándo sientes que la casa ya es suya?

MLV: En el momento que Barragán cerró la puerta y ya no volvió. Después volvía, pero ya con Armando Salas Portugal. Venía a tomar fotos, e incluso con amigos cineastas que vinieron a filmar una película.

MLP: ¿De qué?

MLV: Una película norteña. Salía una paisana de Sinaloa que se llamaba Chayito Valdez y Alondra de Guasave.

MLP: Las primeras personas que vinieron a ver la casa ya terminada, ¿qué decían?

MLV: No entendían nunca. Que estaba muy cuadrada. No más bonita que la mía. Así decían. Que mi hijo la podría dibujar. Que le hacían falta muebles.

Pero Barragán un día, voltea a ver los muros y dice, "no le vayan a colgar macetitas ni ponerme cuadritos en mis muros. No necesitan de nada".

MLP: Oye pa, y la primera persona que vino y dijiste, ah cabrón quién es, o por qué.

MLV: El pintor Roy Lichtenstein. Personas que conocías por los museos, por su trabajo, por todo lo que hacían. Y así empezamos. Empezaron a llegar arquitectos.

MLP: ¿Quién fue el primer arquitecto del que te acuerdas que vino?

MLV: Charles Correa, el arquitecto indio.

MLP: ¿Qué les dijo?

MLV: Que quería hacer aquí arriba unos sillones. Que los hacía gratis, que no cobraba. Le dije que la obra no podía alterarse.

MLP: ¿Qué decía Pancho? ¿Cómo era la dinámica de vida entre ustedes?

MLV: La vida no es una línea recta, por los proyectos ni siquiera podía venir a comer como era el plan. No podía porque a mí me tenían allá.

Usábamos la casa para la agencia, hacíamos tomas, juntas, presentaciones, y si hacíamos las reuniones en otro lado, seguíamos el reventón en la casa. Gloria ya tenía listas las quesadillitas de chicharrón, de masa azul con su salsita verde. O preparaba sus famosos camarones.

MLP: Hablando de la cocina, la de esta casa tiene muchas historias. ¿Qué nos puedes contar de la cocina y Barragán?

MLV: Un día sale Gloria a los cuartos en el corredor y no sabía que estaba Barragán. "Ay arquitecto, ¿cómo está?", dijo la niña. "¿Oiga niña y a usted le hace falta algo?", le preguntó. "Sí, fíjese que los habitantes de esta casa me echan a perder mi soufflé cuando abren las puertas". Le quita la puerta, le hace un cuadrito ahí para asomarse a ver quién está del otro lado, y le pone un pasador para que no puedas empujar la puerta. Ya era su terreno al cien.

MLP: Barragán entendió muy bien.

MLV: Muy bien cuando le dijo qué sucedía. "Yo te lo voy a arreglar". Y luego cuando en uno de nuestros viajes Pancho le compró brownies se volvió loco, porque le gustaban esas cosas. Entonces Gloria empezó a hacerlos. Cada semana se los hacía y él encantado de la vida.

MLP: Oye Pa, ¿Cuándo empiezan a coleccionar el arte para la casa? Cuéntanos del arte.

MLV: Porque siempre estaba muy enterado de lo que pasaba. Teníamos buenas relaciones con personas relacionadas al arte mexicano y entendíamos que en algunos años iba a ser una obra valiosa.

MLP: Como Toledo.

MLV: Exacto. Yo compré mi primer grabado de Toledo cuando tenía 21 o 22 años, ahí me empezó a gustar.

MLP: Hay una historia de la casa que es muy interesante. El pintor David Hockney vino a hacer una exposición cuando ustedes llevaban la publicidad del Tamayo. ¿Qué pasó ahí con Barragán? ¿Hockney vino aquí a la casa?

MLV: Pues Hockney le gustaba a Barragán y estando aquí en un desayuno le pintó un cuadro, le hizo unos dibujos, una dedicatoria. Se lo llevamos a Luis Barragán.

MLP: ¿Cuál ha sido tu visita favorita? Yo sé que todos han sido especiales, pero ¿cuál ha sido la persona que dices lo conocí, vino a mi casa, platiqué con él.

MLV: Ay, pues es que todos son maravillosos. Todos, todos porque llegan, los ves gigantescos y cuando llegan a tu puerta son humanos, que se asombran y que conversan. Barragán los recibía y todo era maravilloso.

MLP: ¿Has disfrutado tu casa?

MLV: ¡Uff, cómo no! Las fiestas que hacíamos, las que ustedes hicieron también. Y ve la casa no le pasa nada, absolutamente nada. Había cinco dedos de lodo, de mugre y al siguiente día aparecía parejo; como si nada hubiese sucedido.

MLP: ¿Qué piensas de todos los que piensan que la obra de Luis Barragán se debe de vivir como museo o que es un museo?

MLV: Que es una casa habitada por una familia, cada quien tiene su espacio. Las visitas la disfrutan, usan la alberca, llegan nuevas generaciones que van a revolucionar la vida.

MLP: Bruno.

MLV: Bruno, que es muy importante. Carlos, que acaba de ser papá. Emiliano, un niño precioso.

MLV: Además ya sabes, muchas ofertas. Llegan con los portafolios y con los cheques queriendo comprar.

MLP: ¿Qué les dices?

MLV: Que no, ¿qué puedes comprar con esos cheques? Me dicen, puedes comprar un Penthouse de Reforma, uno en Miami, puedes no sé qué. Y les digo, ¿cómo lo hago?

MLP: ¿Esto cómo lo igualas?

MLV: ¿Cómo lo igualo? Y ahí termina la plática. Pues tengo tres hijos. Y con mis hijos parece que no hay para cuando. Pero yo decido cuándo. Si decides un día venderla.

MLP: No, no creo.

MLV: No, no. Para nada.

MLP: Hay algo, hay algo muy interesante. Hay personas que piensan de manera diferente acerca de la casa, que por alguna u otra razón dicen que esta es la peor obra de Barragán, la menos representativa, un capricho, de arquitectura escenográfica, ¿qué les decimos?

MLV: Eso no lo dijo Tadao Ando.

MLP: ¿Qué dijo Tadao Ando?

MLV: Que las mejores obras para él fueron Capuchinas y esta casa. Tadao estuvo aquí tres días. Se hizo una filmación. Y llegó a Japón a través del canal cultural o un reportaje en la revista Casa, con un tiraje de ciento ochenta mil ejemplares en Japón.

MLP: La entrada a la exposición fue la galería de la casa.

MLV: Así es. Vinieron los carpinteros e ingenieros a medir centímetro por centímetro y en un tercer piso, allá en Japón, fue la exposición. Hicieron un espejo de agua y con luz artificial la iluminaron. Fue un exitazo. Los camiones en Japón estaban pintados de estos colores, de rojo, azul, amarillo con un "Barragán" que atravesaba todo el camión.

MLP: Pero, ¿qué opinas de todos los que no entienden la dimensión de la casa? ¿Cómo pueden entender una casa sin habitarla?

MLV: Pues sí, no puedes hablar. Nada. Santa paz. Vamos a seguirle con esta tranquilidad. Como durante el confinamiento por la pandemia de Covid-19, decían: ¡Qué encierro tan maravilloso estar en ese espacio!

MLP: Es la importancia de las casas. No de contratar un arquitecto precisamente, pero sí de pensar en habitar.

Oye Pa, hablando de la pandemia, ¿qué les dirías a las personas? Invitarías a las personas a venir después del confinamiento.

MLV: Absolutamente, porque hemos aprovechado el tiempo para dejar toditito funcionando perfectamente.

MLP: ¿Por qué compartir tu casa? ¿Por qué abrir sus puertas?

MLV: Mira Martín, al principio no lo hacíamos, pero ya llegaba gente y tocaba hasta con piedras. Yo soy fulano, mengano, vengo de Japón, vengo de Italia; era ya muy seguido, cada vez más frecuente. Platicando con Catalina Corcuera, dice, Martín tienes que abrirla, tienes que abrirla, no te van a dejar vivir.

MLP: Exactamente. Aprendes a vivir con esto y así lo hicimos.

MLV: Y desde que sale el sol te está dando sorpresas.

MLP: ¿Todas estas ideas las quieres compartir con las personas?

MLV: Absolutamente. Yo creo que siempre he sido muy compartido. Me gusta compartir.

MLP: ¿Qué sorpresa te llevas cuando las personas entran?

MLV: Yo antes abría la puerta. Pero ahorita ya no puedo abrirla porque me hicieron una entrevista en video que se vio en todo el mundo y la gente quiere platicar conmigo. ¡Hasta tres horas de plática!

Claro, están las anécdotas como la de Bono, que su reacción fue soltar un grito cantando al ver la casa. Patty Smith también, y bueno tantos músicos, cantantes, actrices, actores. Un día vino una pintora de Los Angeles, que no le interesaba la arquitectura pero sí el árbol. Se llevó astillas de la jacaranda para hacer obra.

Pues hay tanto Martín. Porque es muchísimo, muchísimo lo que ha sucedido. Personas que lloran cuando entran, otras que casi les da un ataque. Muchas emociones.

Me gusta mucho cuando vienen en pareja y sólo a uno de los dos les interesa la arquitectura, pero al final todos se van muy contentos, porque se sensibilizan. A veces más que los propios arquitectos.

MLP: Entonces nos falta mucha sensibilidad, mucha humanidad. A veces.

MLV: Hay que tenerla siempre y la sencillez, creo que es lo mejor. Estar a gusto contigo mismo, la tranquilidad y pues sí, ser amable. Recibir lo que te vienen a dar. Mucho cariño, mucha estima, siempre felicitaciones. Todo ha sido muy muy bueno.

MLP: Hay muchas personas que te dan las gracias, por abrir las puertas.

¿Han visitado la casa políticos?

MLV: El hijo del ex presidente Ernesto Zedillo, que es arquitecto. Vinieron dos días antes los elementos de seguridad a revisar todos los rincones. También vino uno de los yernos de Carlos Slim. La seguridad lo es todo. También cuando han traído joyas de Cartier para fotos, apenas terminan la sesión y van directo a la camioneta de valores.

MLP: Preguntan si fue prueba y error la obra. Siempre. La obra de Barragán siempre fue prueba y error.

MLV: Ah, sí. En las escaleras hay un muro que no iba, pero cuando él subía las escaleras sentía que le faltaba. Lo hizo, lo tiró. Caminaba de aquí para allá. Resulta que ese muro impide el ruido, no escuchas los aviones que pasan cada dos minutos. No los escuchas ni en la biblioteca, ni en las recámaras. Nada, no se escucha.

MLP: Te preguntan si hay espacios de disfrute más que otros. No los puedes disfrutar igual.

MLV: No. Disfruto mucho todos los espacios, especialmente cuando estoy sentado con un libro. Todavía me sorprendo encontrando nuevos rincones favoritos. Hace poco con Emiliano hicimos una experiencia nueva allá arriba. Nunca lo habíamos disfrutado. Y fue maravilloso.

MLP: ¿Cuál es el espacio que más te gusta y por qué?

MLV: Es la recámara, mi sillón y el comedor.

MLP: ¿Cuál sillón, la sala o tu cuarto?

MLV: El cuarto porque se ve pa' adelante, pa' atrás. Se ven los copos de Chapultepec y las flores de la jacaranda. Todo se ve.

MLP: Les recordamos que no es un museo, es una casa. Los arquitectos no hacemos hogares, hacemos casas. Los hogares los hacen las personas.

Visiones - César Béjar

82

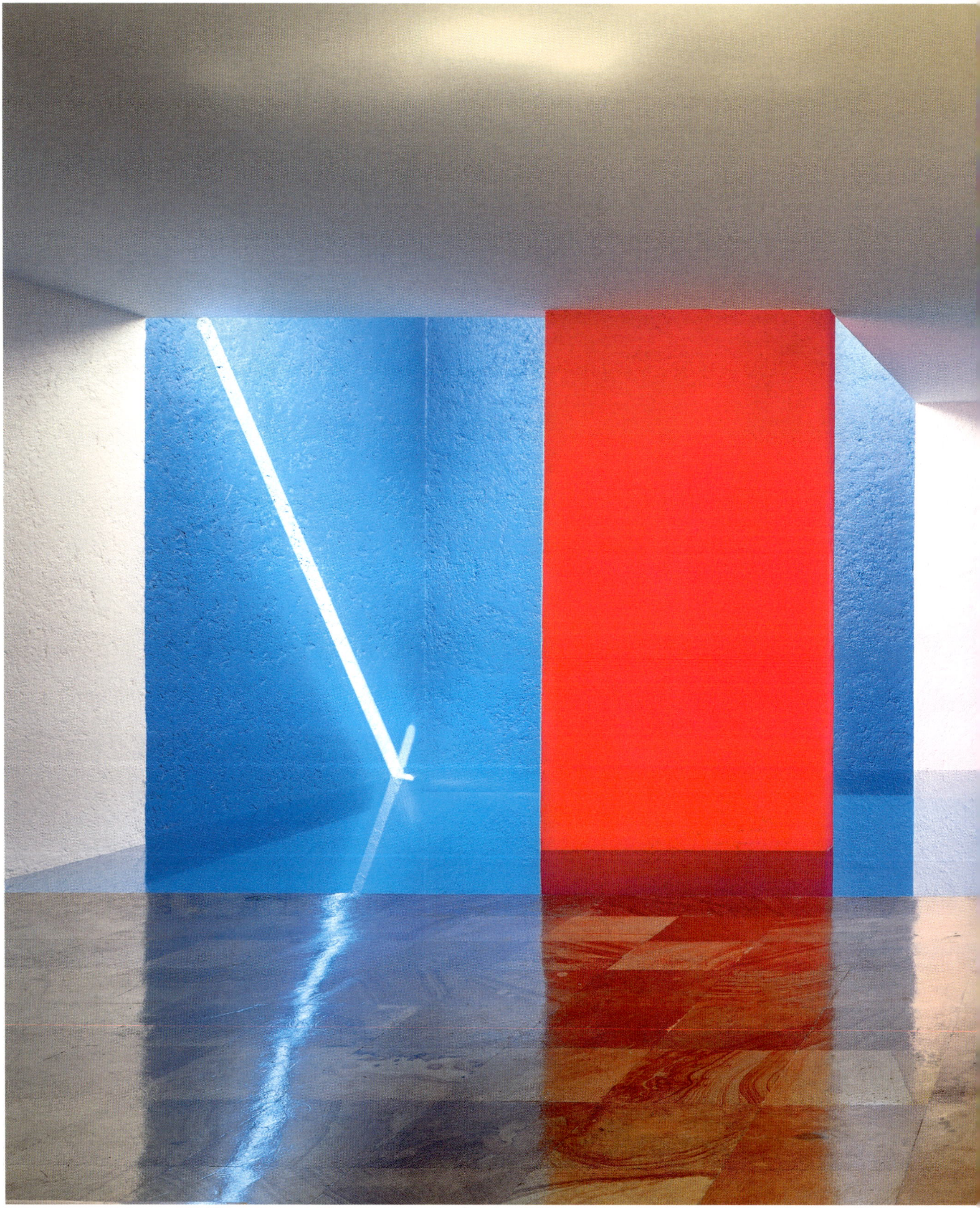

el Jimador

el Jimador
TEQUILA
RESERVADO
PARA
TODOS

PARA

Visiones - Eduardo Luque

Archivo - Planos

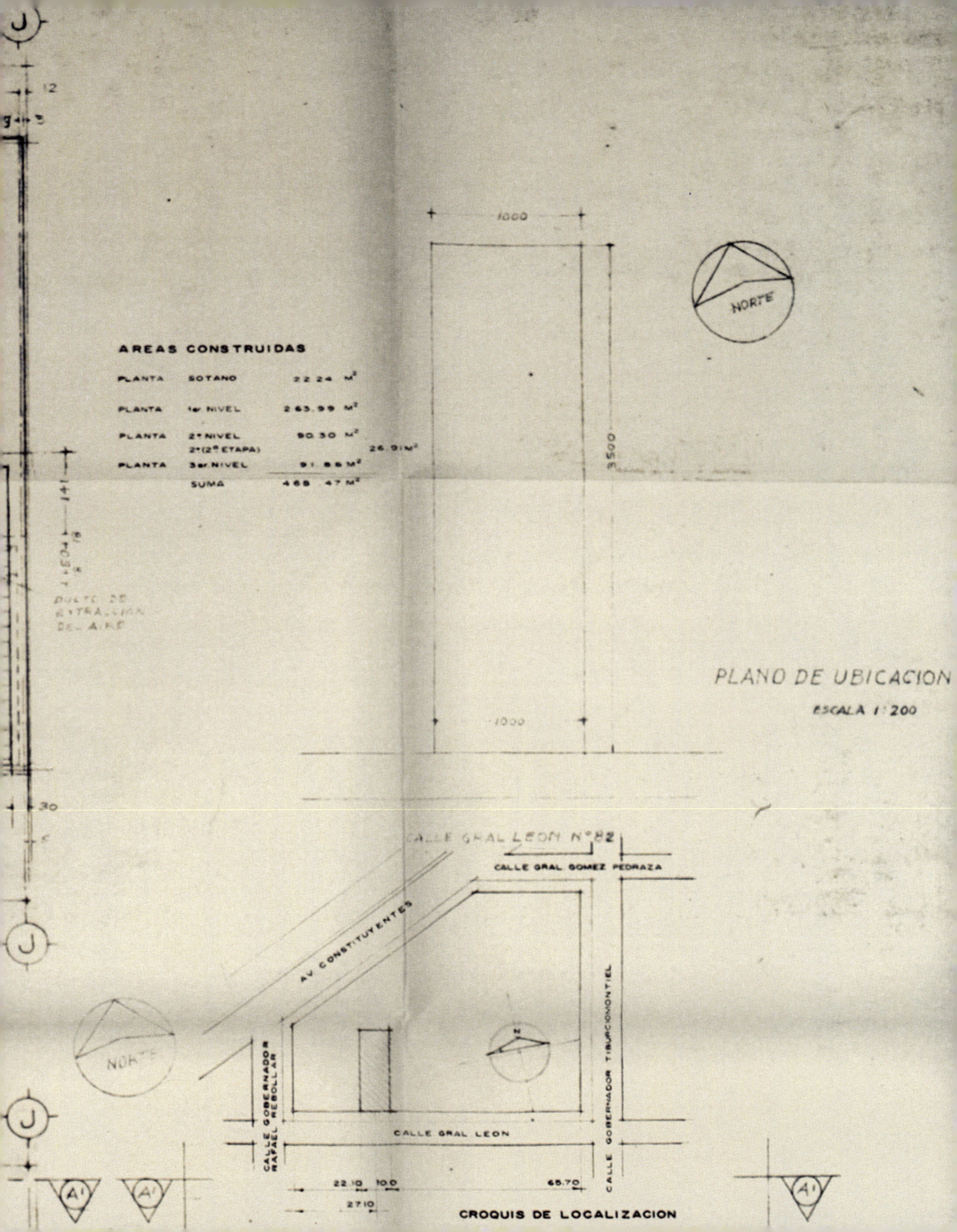
AREAS CONSTRUIDAS
PLANTA SOTANO 22.24 M²
PLANTA 1er. NIVEL 263.99 M²
PLANTA 2º NIVEL 90.30 M²
2º (2ª ETAPA) 26.91 M²
PLANTA 3er. NIVEL 91.88 M²
SUMA 468.47 M²
NORTE
1000
3500
PLANO DE UBICACION
ESCALA 1:200
CALLE GRAL LEON Nº 82
CALLE GRAL GOMEZ PEDRAZA
AV CONSTITUYENTES
CALLE GOBERNADOR RAFAEL REBOLLAR
CALLE GOBERNADOR TIBURCIO MONTIEL
CALLE GRAL LEON
22.10
10.0
65.70
27.10
CROQUIS DE LOCALIZACION

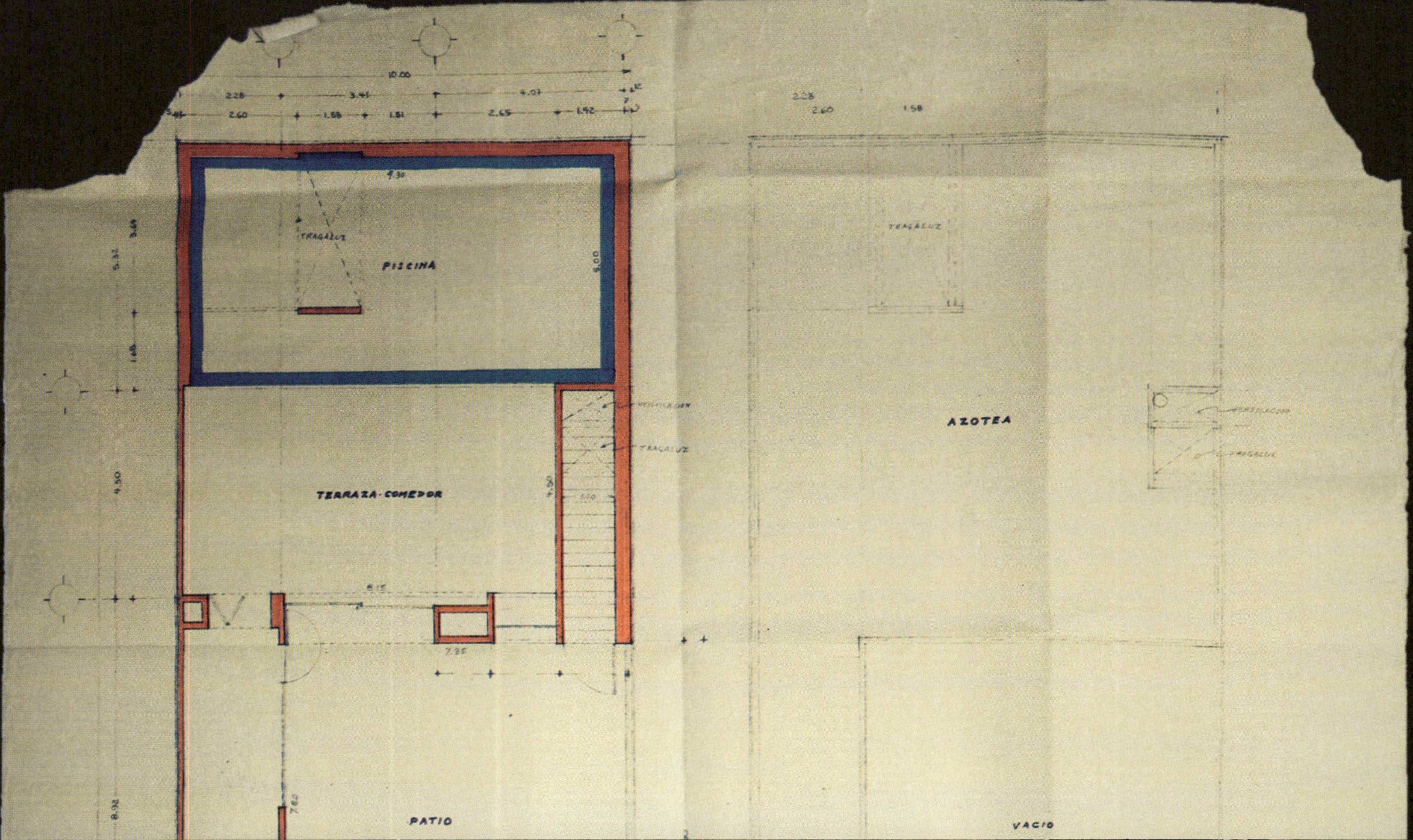

PISCINA
TRAGALUZ
TERRAZA-COMEDOR
VENTILACION
AZOTEA
PATIO
VACIO

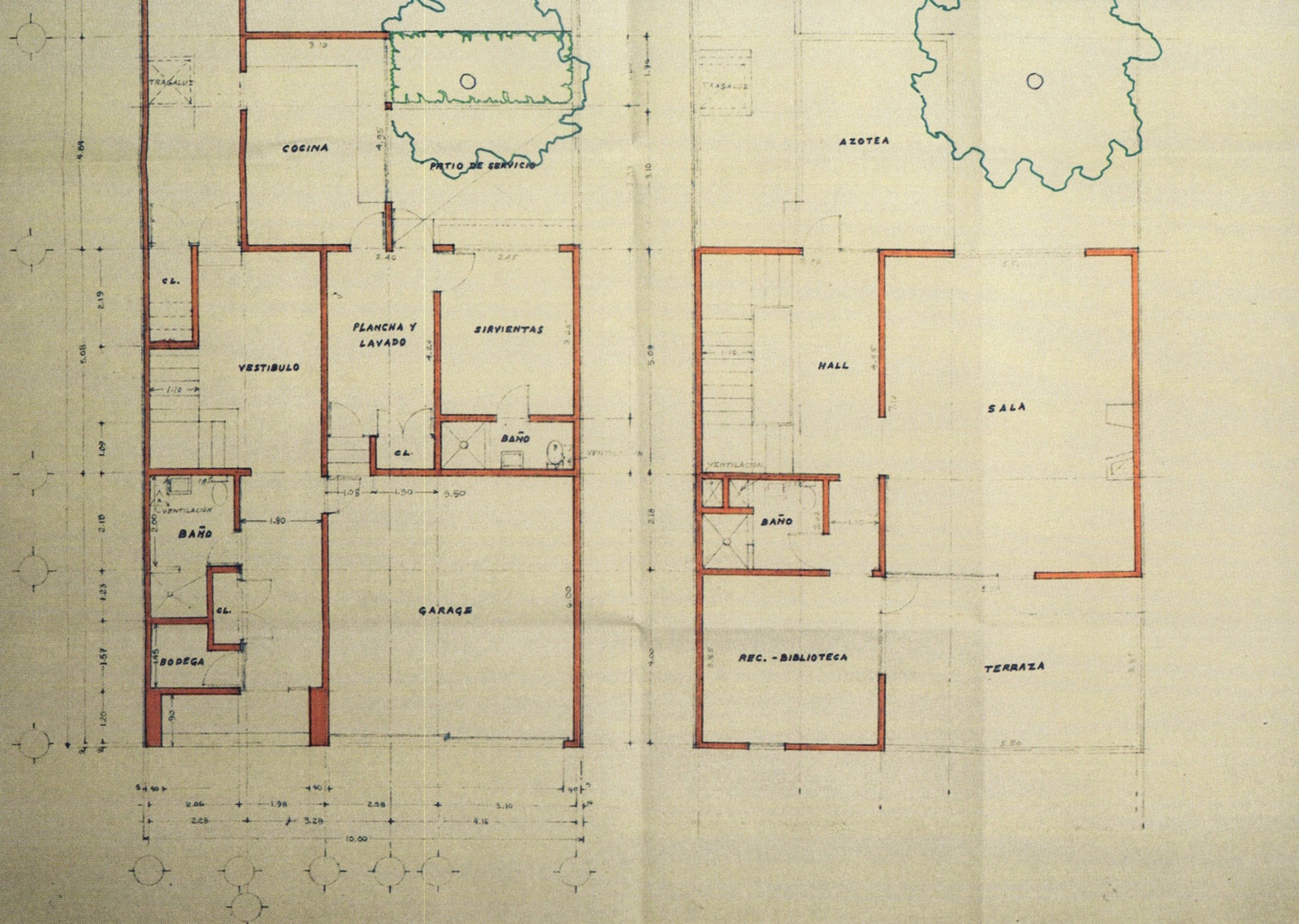

PLANTA BAJA

1[er] PISO

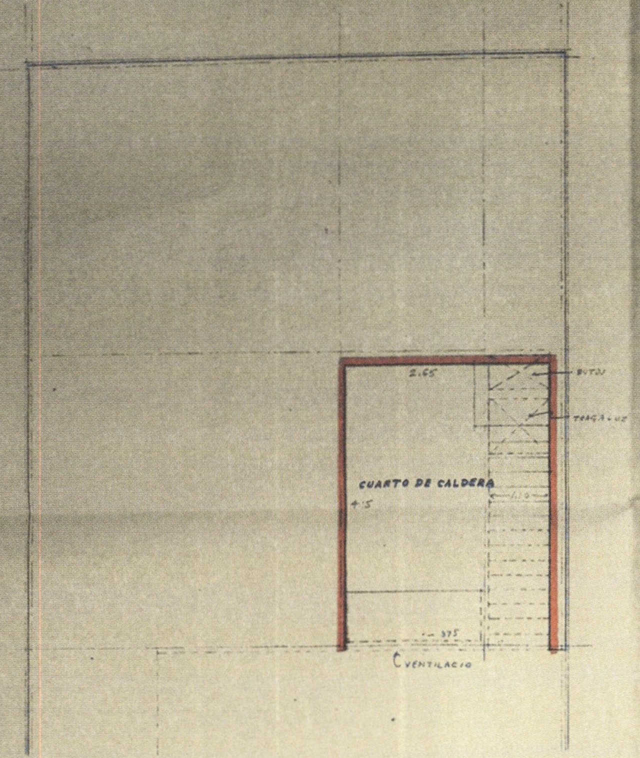

SOTANO

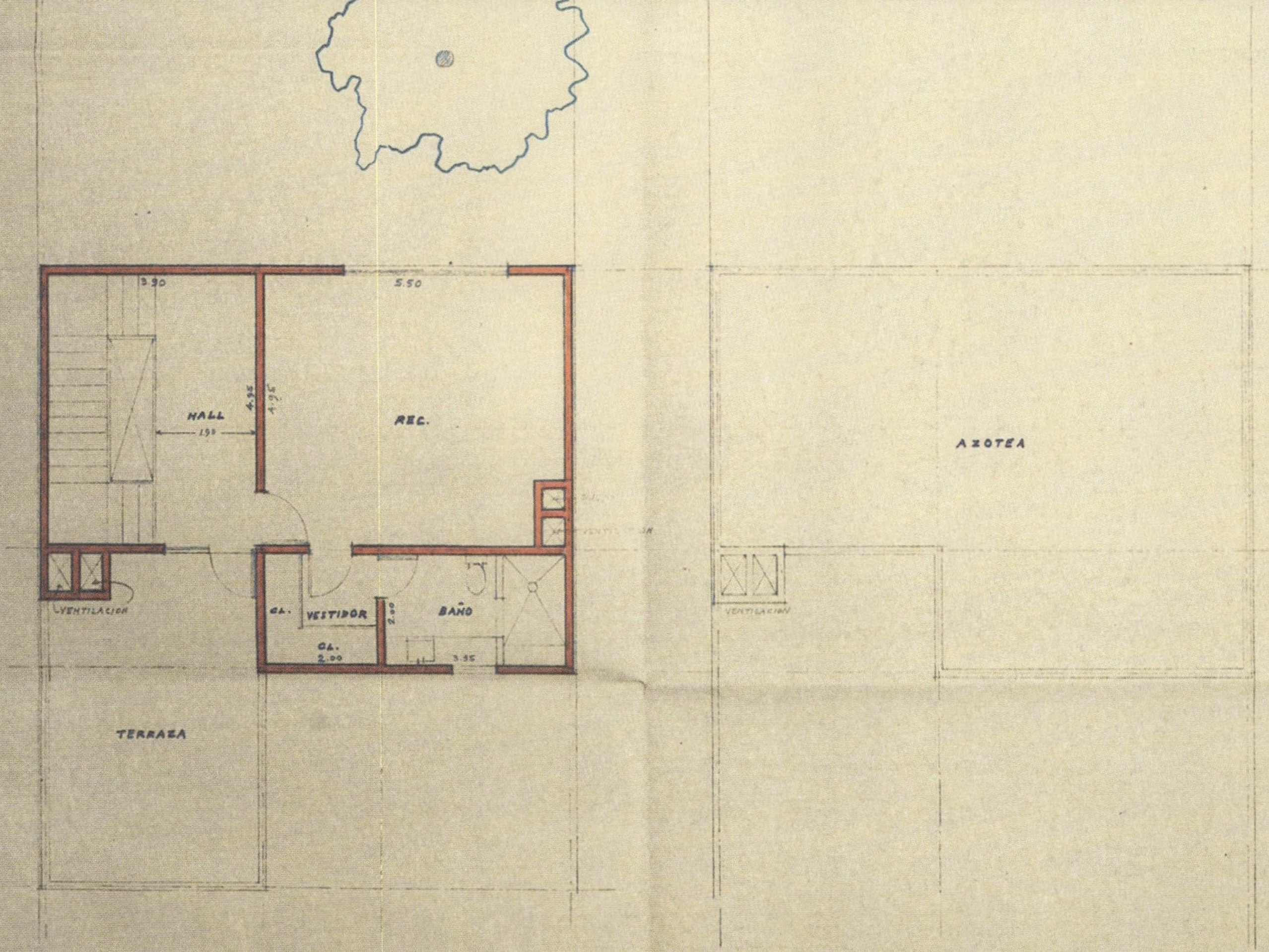

2° PISO

PLANTA AZOTEA

ESCALA 2 cm = 1 MT.

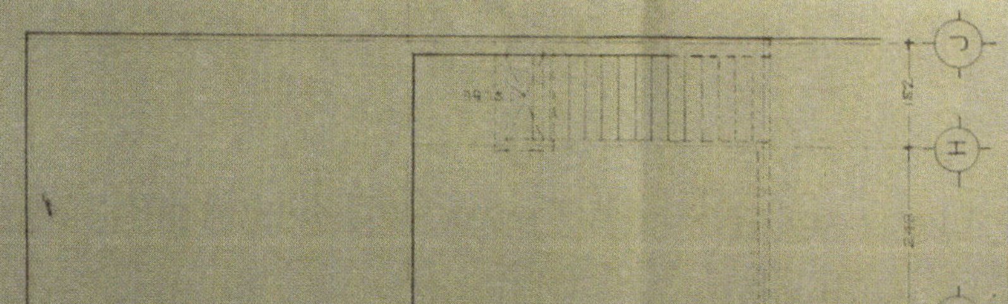

J
H
F
A
182
240
576

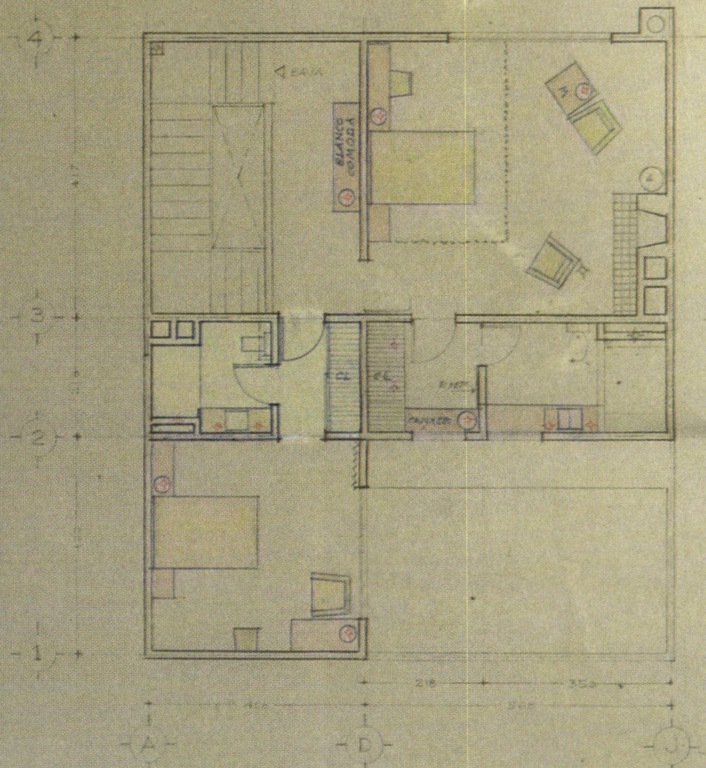

PLANTA 2° NIVEL

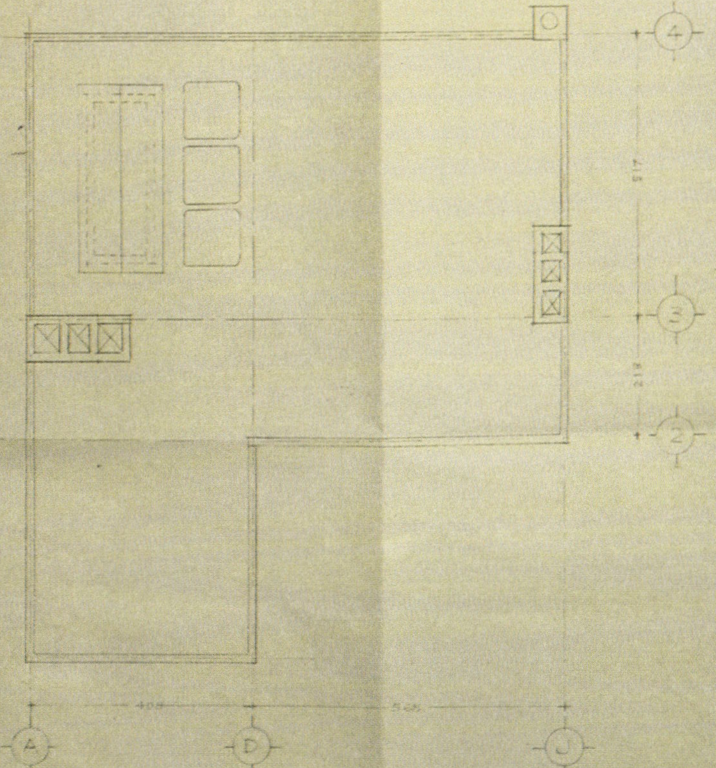

PLANTA AZOTEA

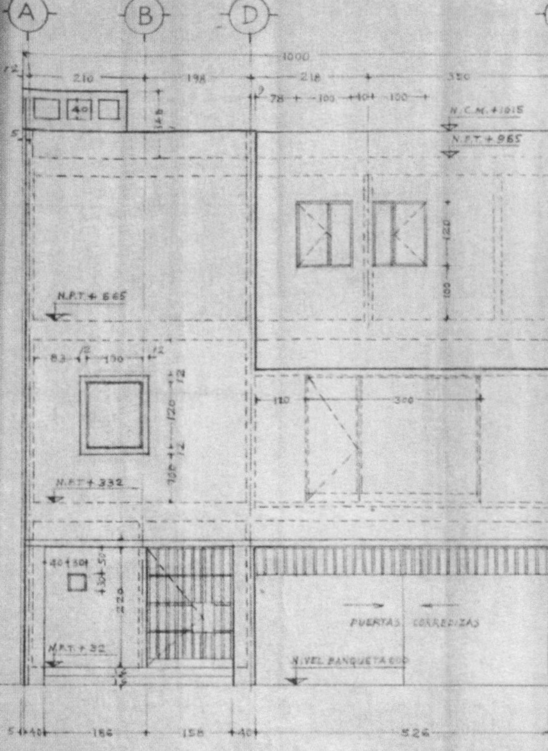

FACHADA A LA CALLE

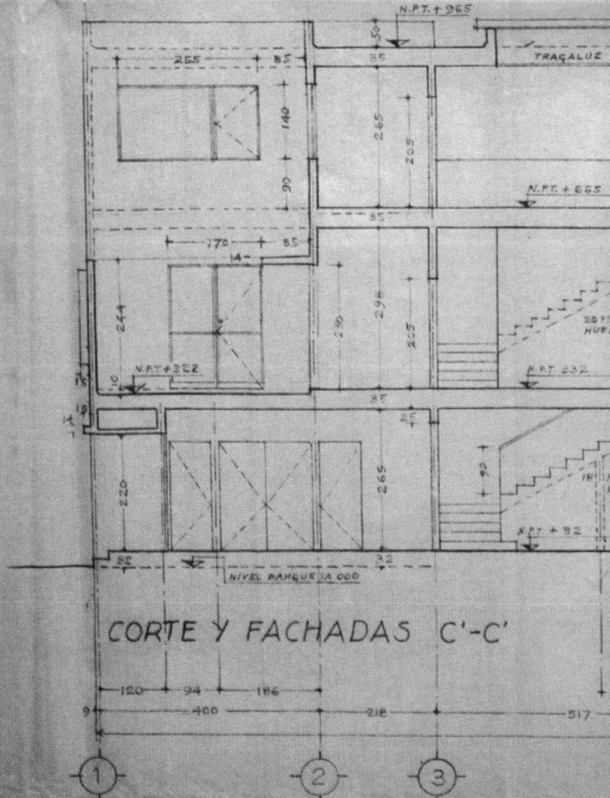

CORTE Y FACHADAS C'-C'

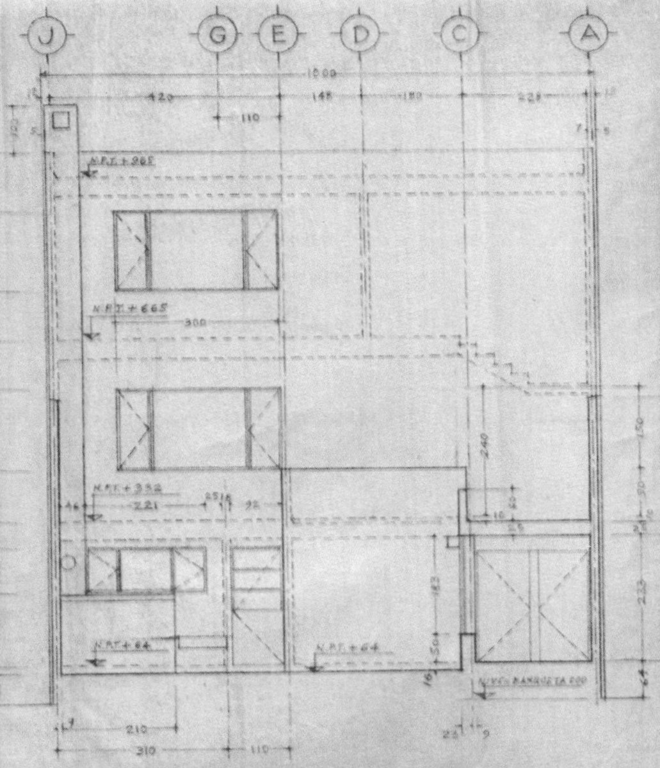

FACHADA NORTE A'-A'

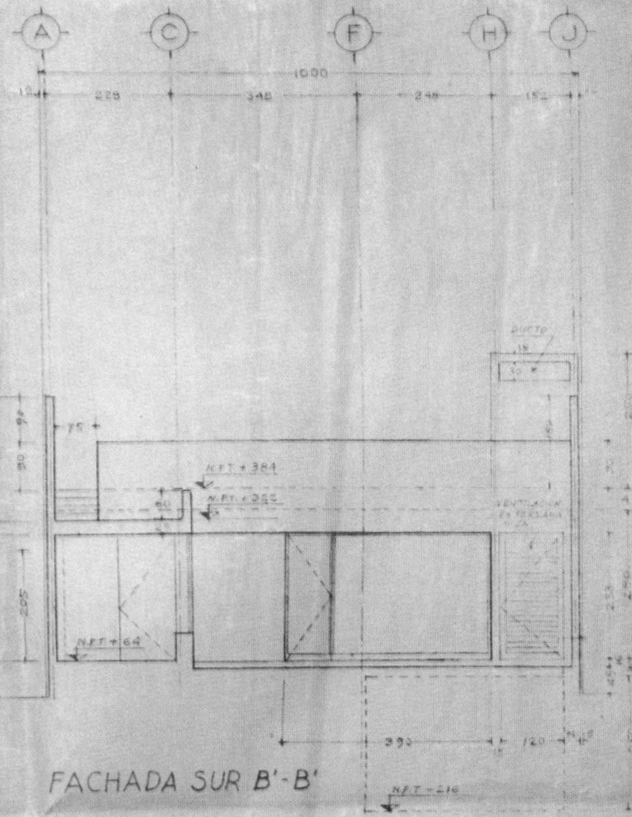

FACHADA SUR B'-B'

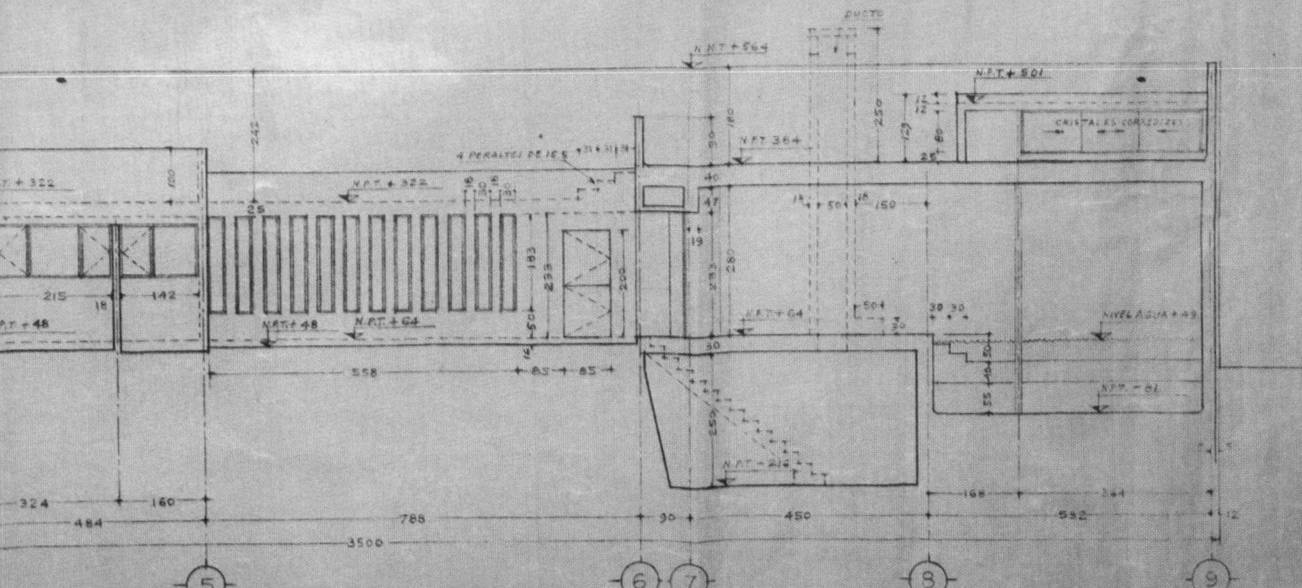

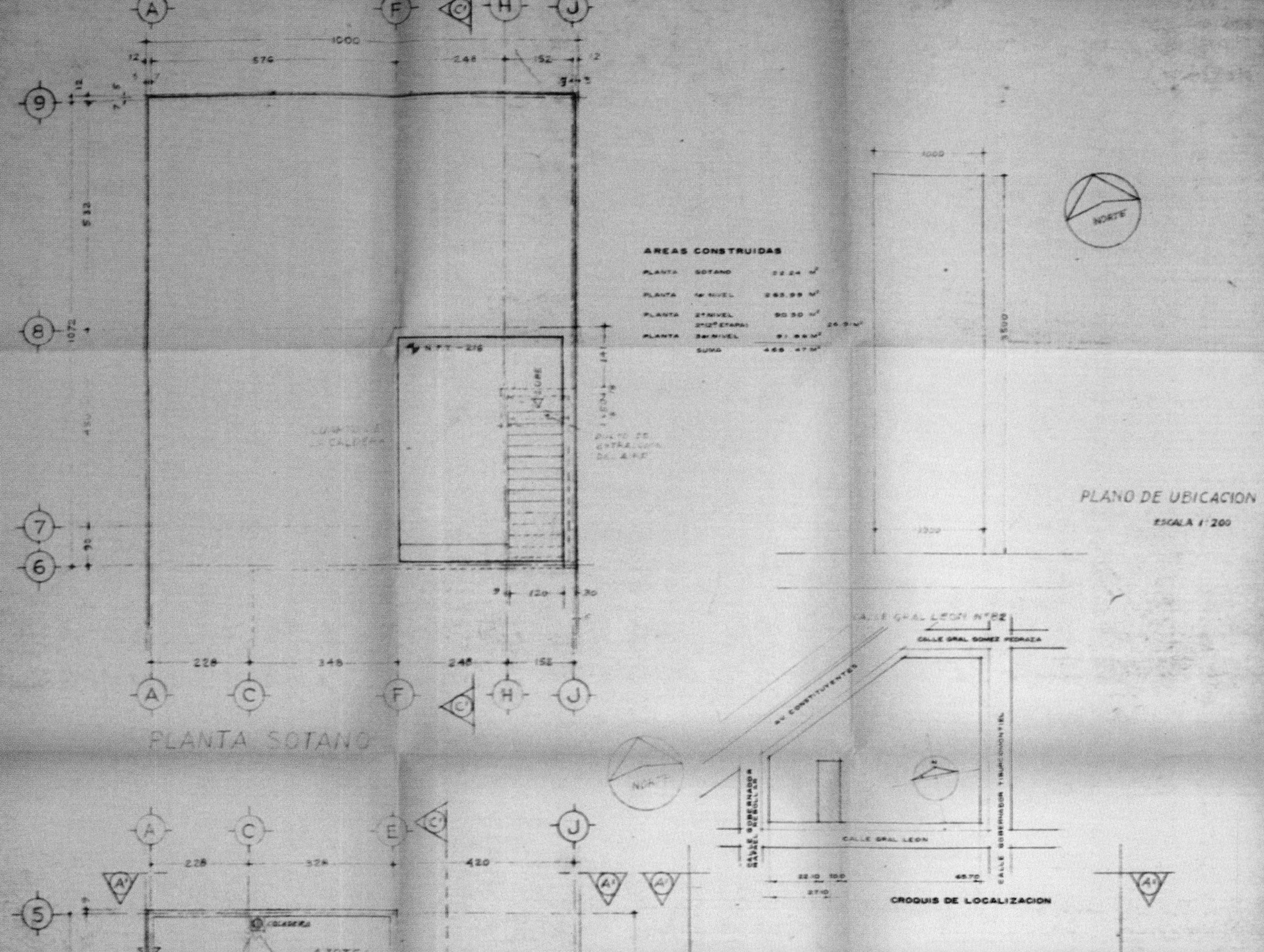
PLANTA SOTANO
AREAS CONSTRUIDAS
PLANO DE UBICACION
ESCALA 1:200
NORTE
CALLE GRAL LEON Nº82
CALLE GRAL GOMEZ PEDRAZA
AV CONSTITUYENTES
CALLE GRAL LEON
CALLE GOBERNADOR RAFAEL REBOLLAR
CALLE GOBERNADOR TIBURCIO MONTIEL
CROQUIS DE LOCALIZACION

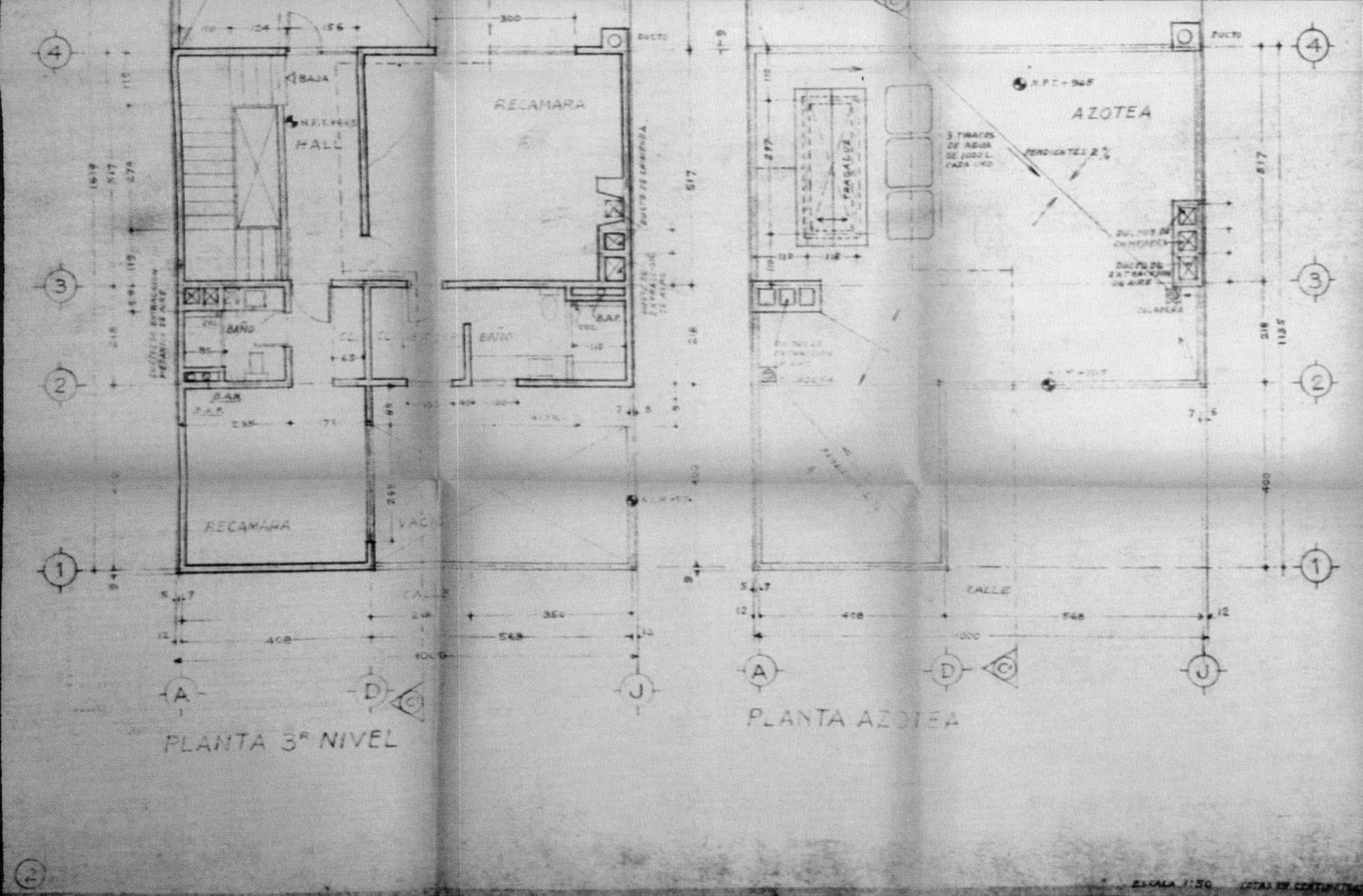

OBRA: CASA HABITACION

PROP: SR. FRANCISCO GILARDI RIVERO

UBIC: GRAL. LEON 82 SN. MIGUEL CHAP. MEX 18 D.F.

PLANO: PLANTAS ARQUITECTONICAS (SOTANO, 3º NIVEL Y AZOTEA.)

ESCALA 1:50 FECHA 0376

DISEÑO: ARQ. LUIS BARRAGAN

PERITO: ARQ. ANTONIO DANEL D.
CED. PROF. 148164 PERITO 3592 1er. GRUPO

PLANO Nº A-2 (2º ETAPA)

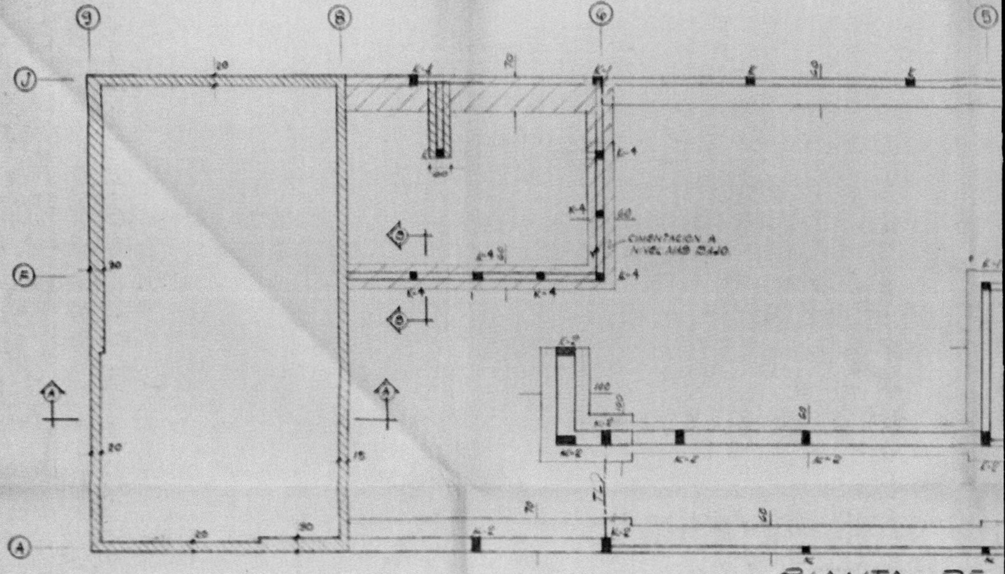

PLANTA DE

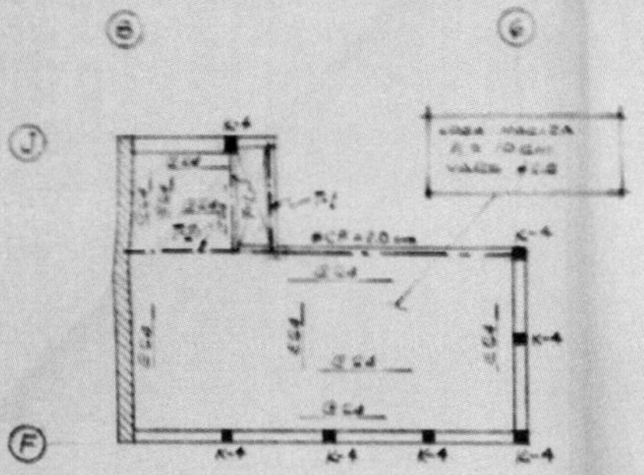

CUBIERTA DE C. DE MAQUINAS

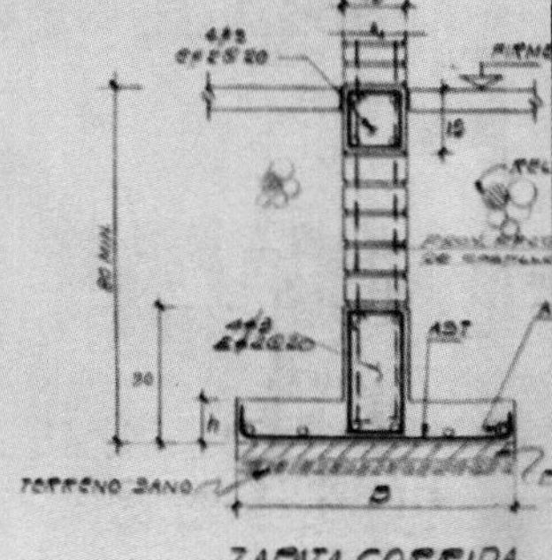

ZAPATA CORRIDA (CENTRAL)

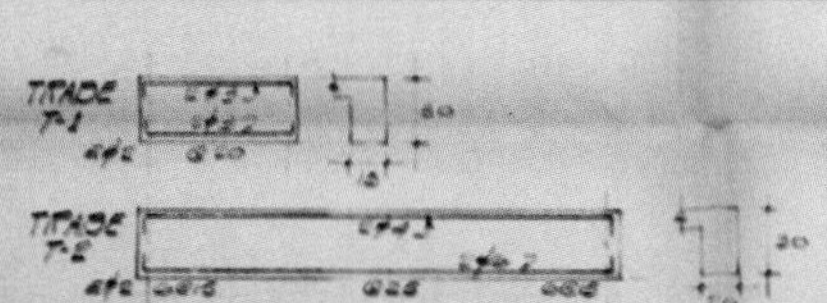

TABLA DE ARMADO DE Z				
ANCHO	h	H	AST	ASL
60	15	15	[illegible]	[illegible]
70	15	20	[illegible]	[illegible]
60	15	—	[illegible]	[illegible]
70	15	—	[illegible]	[illegible]
80	15	—	[illegible]	[illegible]
90	15	—	[illegible]	[illegible]
100	15	—	[illegible]	[illegible]

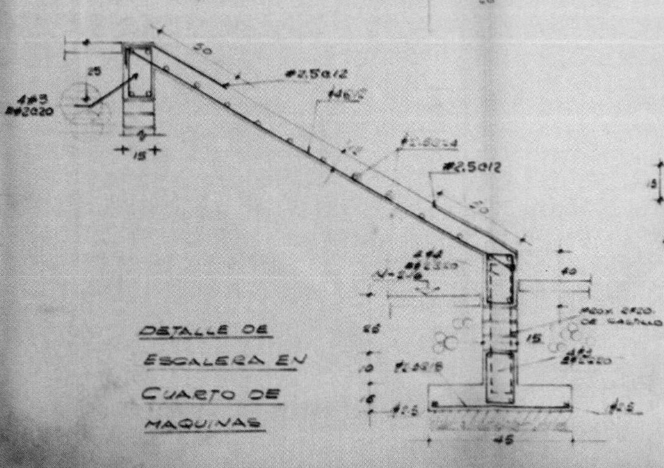

DETALLE DE ESCALERA EN CUARTO DE MAQUINAS

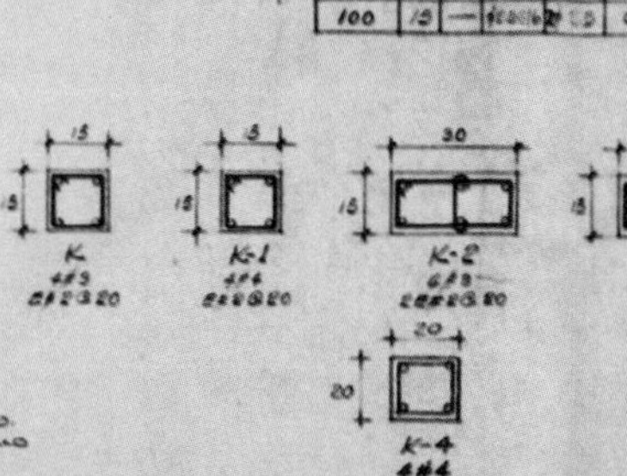

CASTILLOS

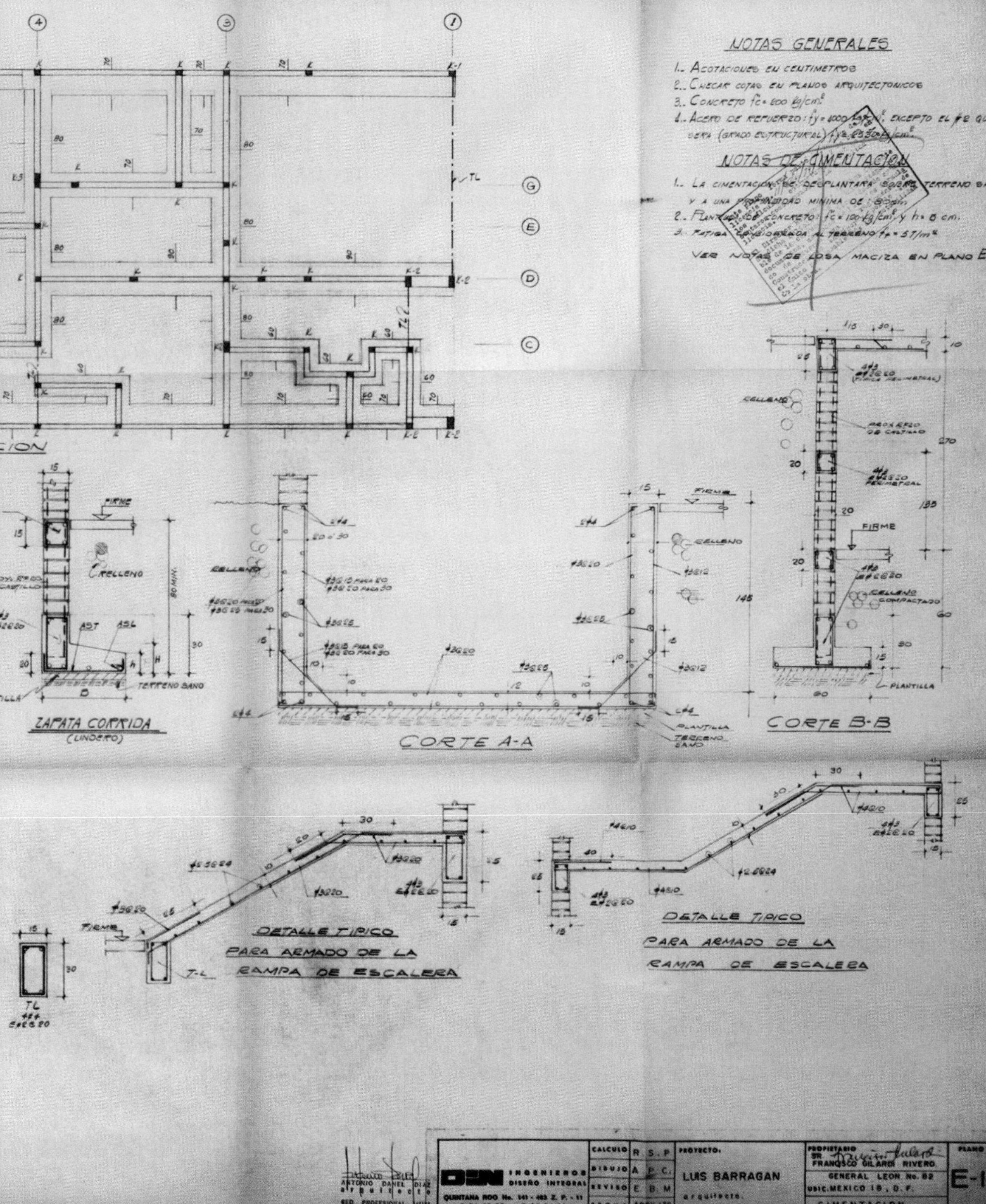
NOTAS GENERALES
1.- Acotaciones en centimetros
2.- Checar cotas en planos arquitectonicos
3.- Concreto f'c = 200 kg/cm²
4.- Acero de refuerzo: fy = 4000 kg/cm², excepto el #2 que sera (grado estructural) fy = 2530 kg/cm²
NOTAS DE CIMENTACION
1.- La cimentacion se desplantara sobre terreno sano y a una profundidad minima de 80 cm
2.- Plantilla de concreto: f'c = 100 kg/cm² y h = 5 cm.
3.- Fatiga considerada al terreno ft = 5 T/m²
Ver notas de losa maciza en plano E
ZAPATA CORRIDA
(LINDERO)
CORTE A-A
CORTE B-B
DETALLE TIPICO
PARA ARMADO DE LA
RAMPA DE ESCALERA
DETALLE TIPICO
PARA ARMADO DE LA
RAMPA DE ESCALERA
FIRME
RELLENO
TERRENO SANO
PLANTILLA
ANTONIO DANIEL DIAZ
arquitecto
INGENIEROS DISEÑO INTEGRAL
QUINTANA ROO No. 141 - 403 Z. P. - 11
CALCULO R. S. P.
DIBUJO A. P. C.
REVISO E. B. M.
PROYECTO.
LUIS BARRAGAN
arquitecto.
PROPIETARIO
SR. FRANCISCO GILARDI RIVERO.
GENERAL LEON No. 82
UBIC. MEXICO 18, D. F.
PLANO
E-1

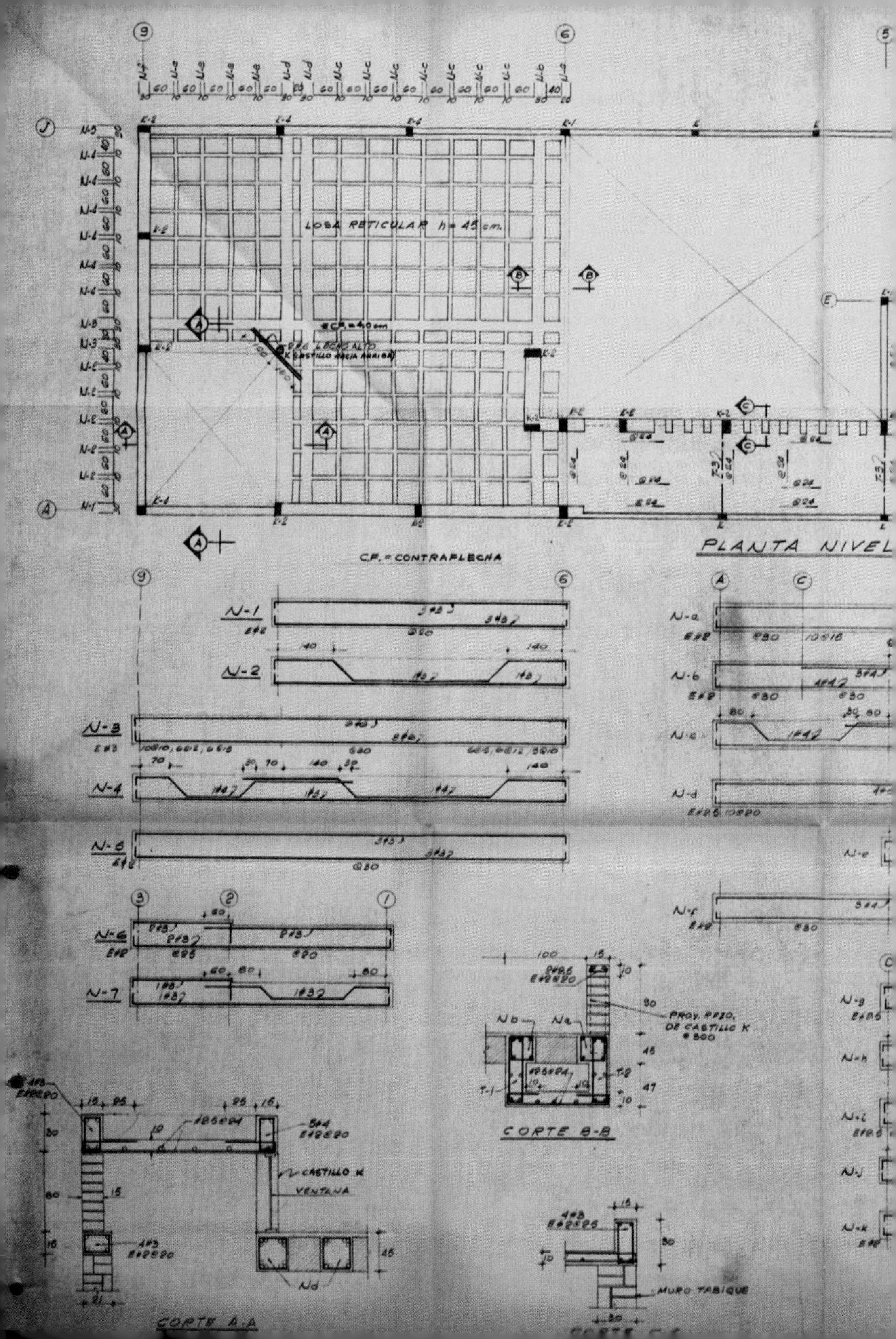
LOSA RETICULAR h = 45 cm.
C.F. = CONTRAFLECHA
PLANTA NIVEL
N-1
N-2
N-3
N-4
N-5
N-6
N-7
N-a
N-b
N-c
N-d
N-e
N-f
N-g
N-h
N-i
N-j
N-k
PROY. REFZO. DE CASTILLO K
CORTE B-B
CASTILLO K
VENTANA
CORTE A-A
MURO TABIQUE

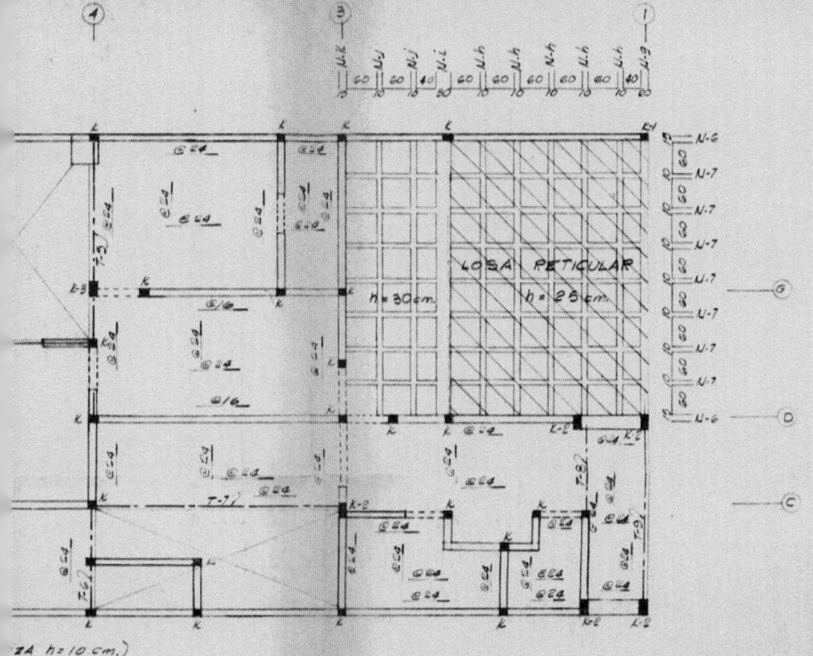

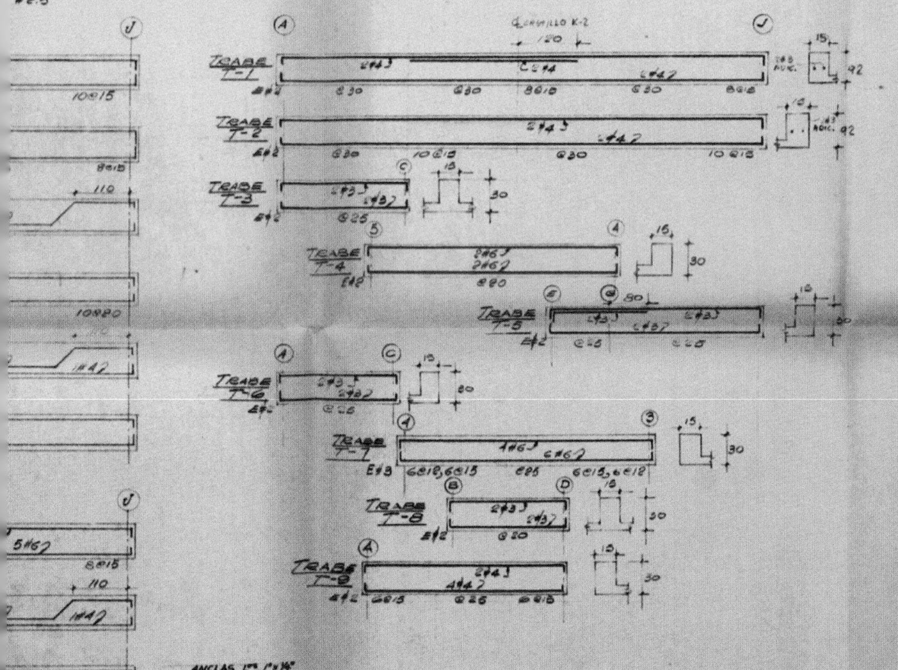

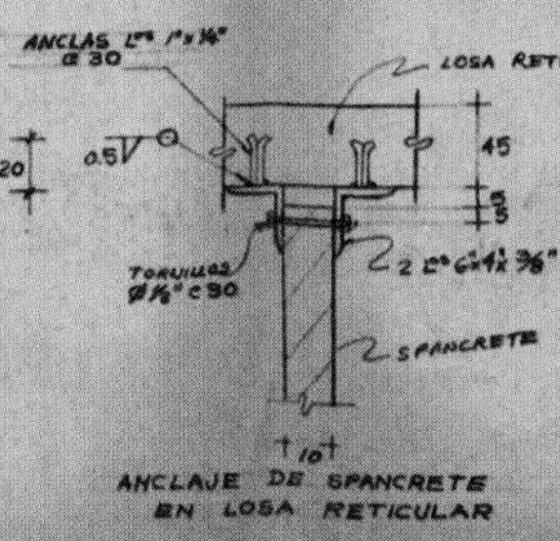

ANCLAJE DE SPANCRETE EN LOSA RETICULAR

NOTAS GENERALES

1.- Acotaciones en centímetros
2.- Checar cotas en planos arquitectónicos
3.- Concreto f'c = 200 kg/cm²
4.- Acero de refuerzo fy = 4000 kg/cm² excepto el #2 que será grado estructural fy = 2530 kg/cm²

NOTAS DE LOSA MACIZA

1.- Peralte de la losa h = 10 cm varilla #2.5
2.- Procedimiento de armado de losas: de las varillas del lecho inferior se doblará una y se correrá otra alternativamente y entre cada par de columpios, se completará con bastones en el lecho superior, para dar la separación indicada en planta. Excepto donde se indique otra disposición, los columpios y bastones se doblarán y cortarán como se indica:

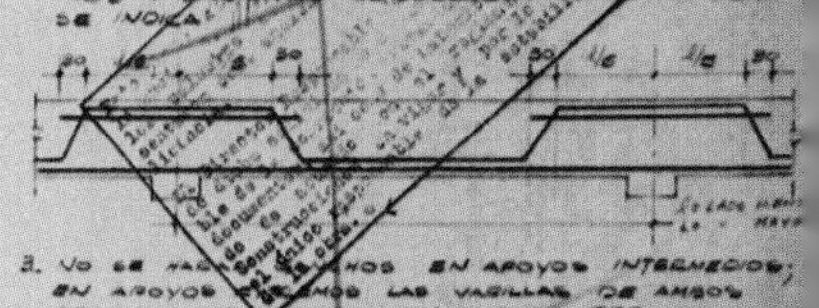

3. No se harán columpios en apoyos intermedios; en apoyos extremos las varillas de ambos lechos se terminarán en ganchos tipo.
4. En los extremos de los volados únicamente las varillas del lecho superior llevarán ganchos tipo.
5.- La flecha indica el sentido de la separación, las varillas se pondrán perpendiculares a las flechas.
6.- Contraflecha en losa: L/500

NOTAS DE TRABES

1. Los anclajes y traslapes se harán de acuerdo con la siguiente tabla:

VARILLAS	Ø	Lt	La
2.5	5/16	25	30
3	3/8	30	40
4	1/2	40	50
5	5/8	50	60
6	3/4	60	75

La = Longitud de anclaje en cm
Lt = Longitud de traslape en cm

2. Los estribos de las trabes se empezarán a contar a 5 cm del paño del apoyo según figura:

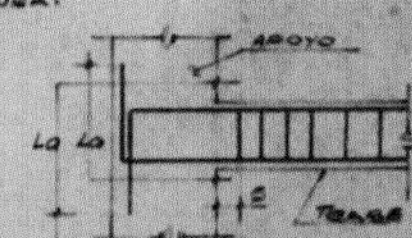

3. Las varillas longitudinales se podrán colocar en paquetes con un máximo de 2 varillas en cada paquete, amarrándolos correctamente.

4. **CONTRAFLECHAS EN TRABES**

a). Continuas por los dos lados: L/500
b). Continuas por un lado y discontinuas por el otro: L/400.
c). Discontinuas por los dos lados: L/300
d). Volados: L/100

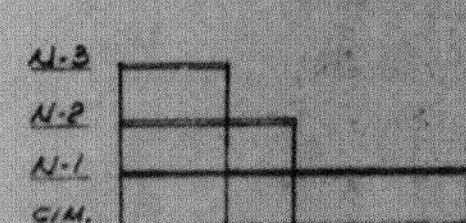

CORTE ESQUEMATICO

ANTONIO DANIEL DIAZ arquitecto. CED. PROFESIONAL 18184 REG. PERITO 3192 1er. GRUPO	DIN INGENIEROS DISEÑO INTEGRAL. QUINTANA ROO No. 141 - 403 Z. P. - 11. 5-74-49-28 - 5-64-74-21	CALCULO R. S. P. / DIBUJO A. P. C. / REVISO E. G. M. / FECHA ABRIL 76	PROYECTO: LUIS BARRAGAN arquitecto.	PROPIETARIO SR. FRANCISCO GILARDI RIVERO / GENERAL LEON No. 82 UBIC. MEXICO, 18, D.F. / PLANTA NIVEL 1	PLANO E-2

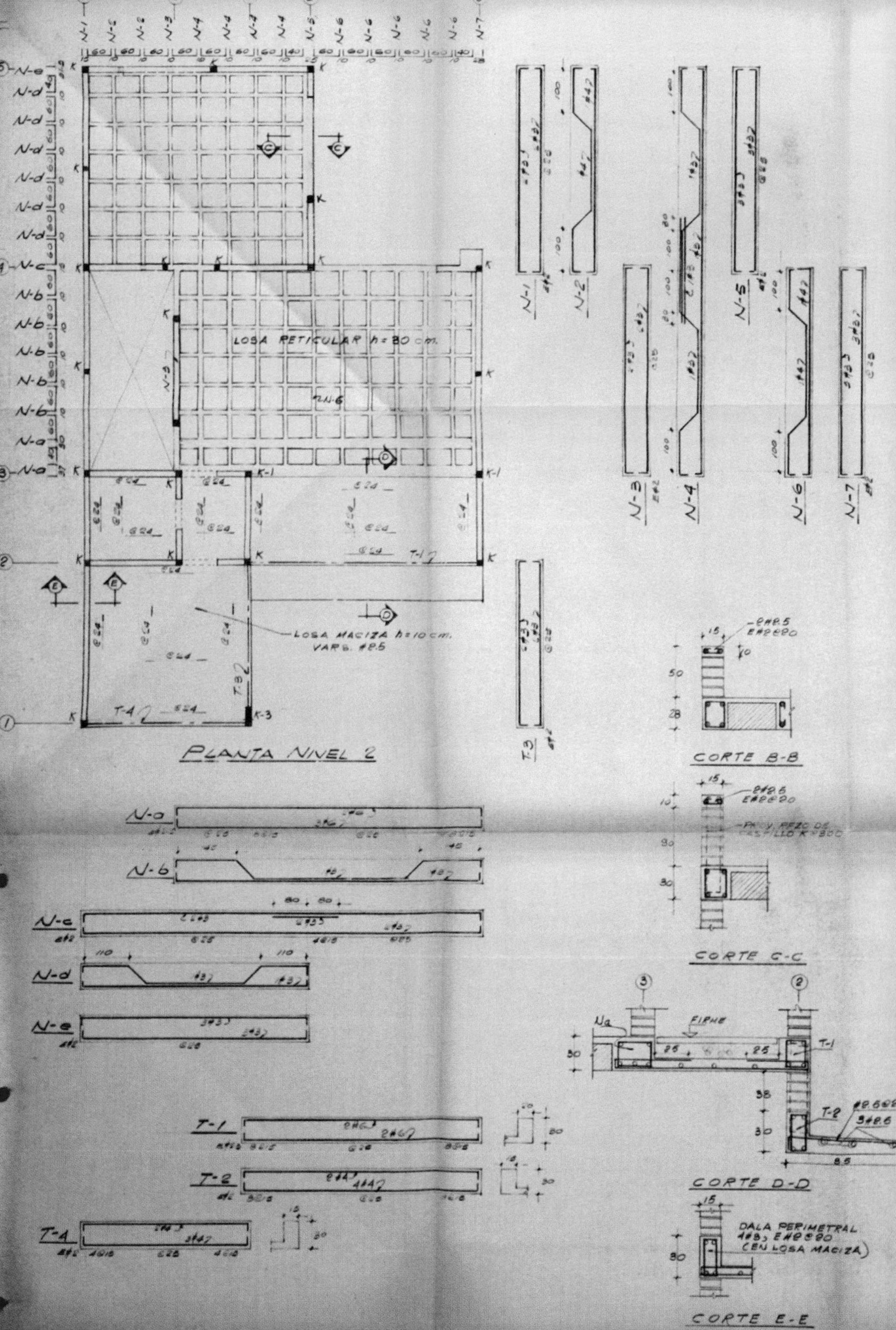

LOSA RETICULAR h=30 cm.
LOSA MACIZA h=10 cm.
PLANTA NIVEL 2
CORTE B-B
CORTE C-C
CORTE D-D
CORTE E-E
FIRME
DALA PERIMETRAL
(EN LOSA MACIZA)

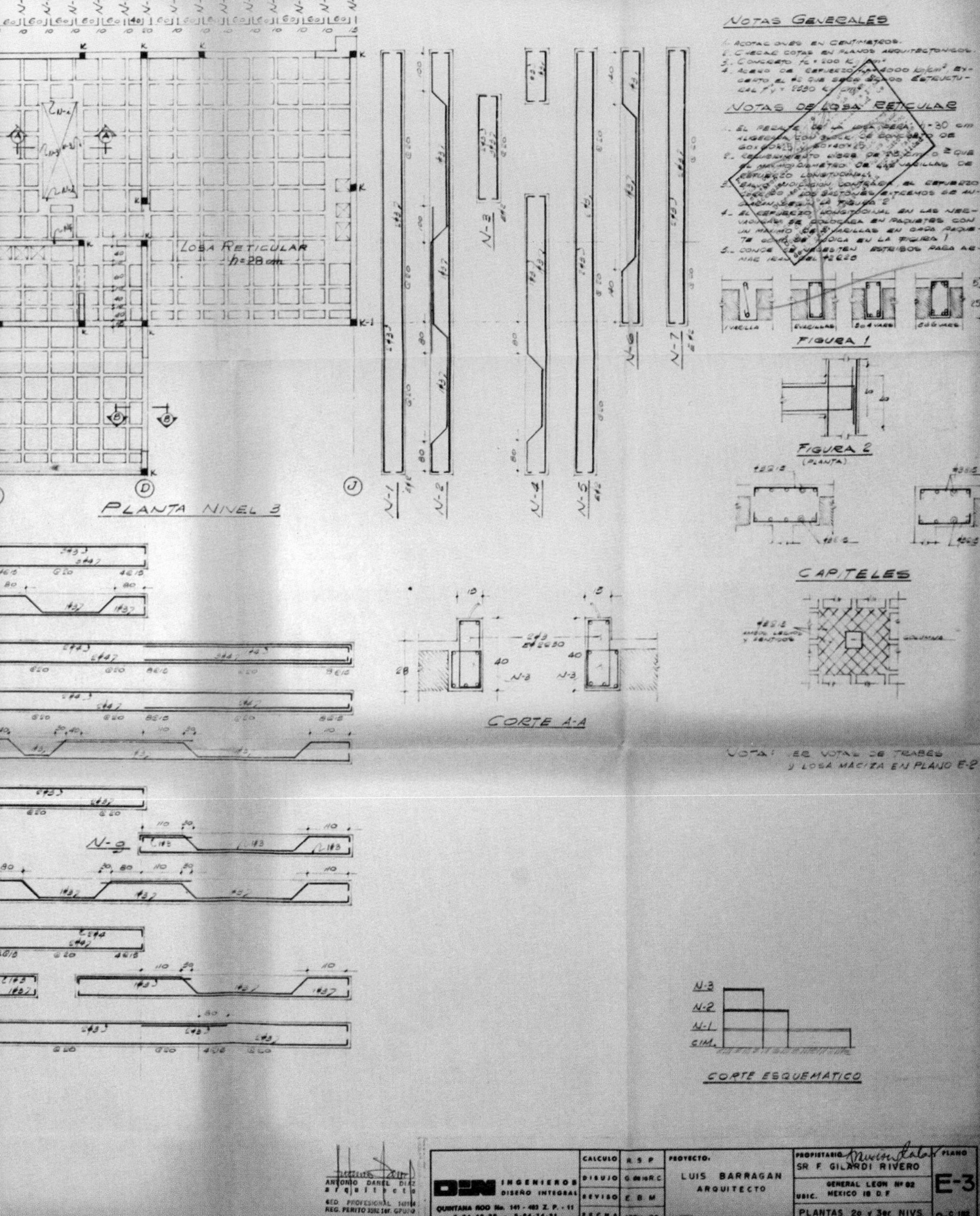

NOTAS GENERALES
1. ACOTACIONES EN CENTIMETROS.
2. CHECAR COTAS EN PLANOS ARQUITECTONICOS.
NOTAS DE LOSA RETICULAR
FIGURA 1
FIGURA 2
(PLANTA)
CAPITELES
LOSA RETICULAR
h=28 cm
PLANTA NIVEL 3
CORTE A-A
NOTA: VER NOTAS DE TRABES Y LOSA MACIZA EN PLANO E-2
N-1
N-2
N-3
N-4
N-5
N-6
N-7
N-9
CIM.
CORTE ESQUEMATICO
ANTONIO DANIEL DIAZ
arquitecto
INGENIEROS
DISEÑO INTEGRAL
QUINTANA ROO No. 141 - 403 Z. P. - 11
CALCULO
DIBUJO
REVISO
PROYECTO:
LUIS BARRAGAN
ARQUITECTO
PROPIETARIO
SR F. GILARDI RIVERO
GENERAL LEON No 82
MEXICO 18 D.F.
UBIC.
PLANTAS 2o Y 3er NIVEL
PLANO
E-3

Bitácora y Testimonios

Junya Ishigami 14/3/2019

Barragán
Hockney
caballos
Grace Jones
una casa en la galaxia
Andrés Jaque
noviembre 2010

Neri
DEAR MARTIN 10/25/13
HAPPY BIRTHDAY!
LYNDON NERI

Obrigado,
GRACIAS
Luis
SOMBRA
DE CORDE
SOBRA
DE LUZ
ERNESTO
NETO

PARA MARTIN CON
JEAN PIERRE CROUSSE 10/09/14
Y SANDRA BARCLAY

BARAGAN + BENSIMON
BB FOR One place!!

Oct. 2018

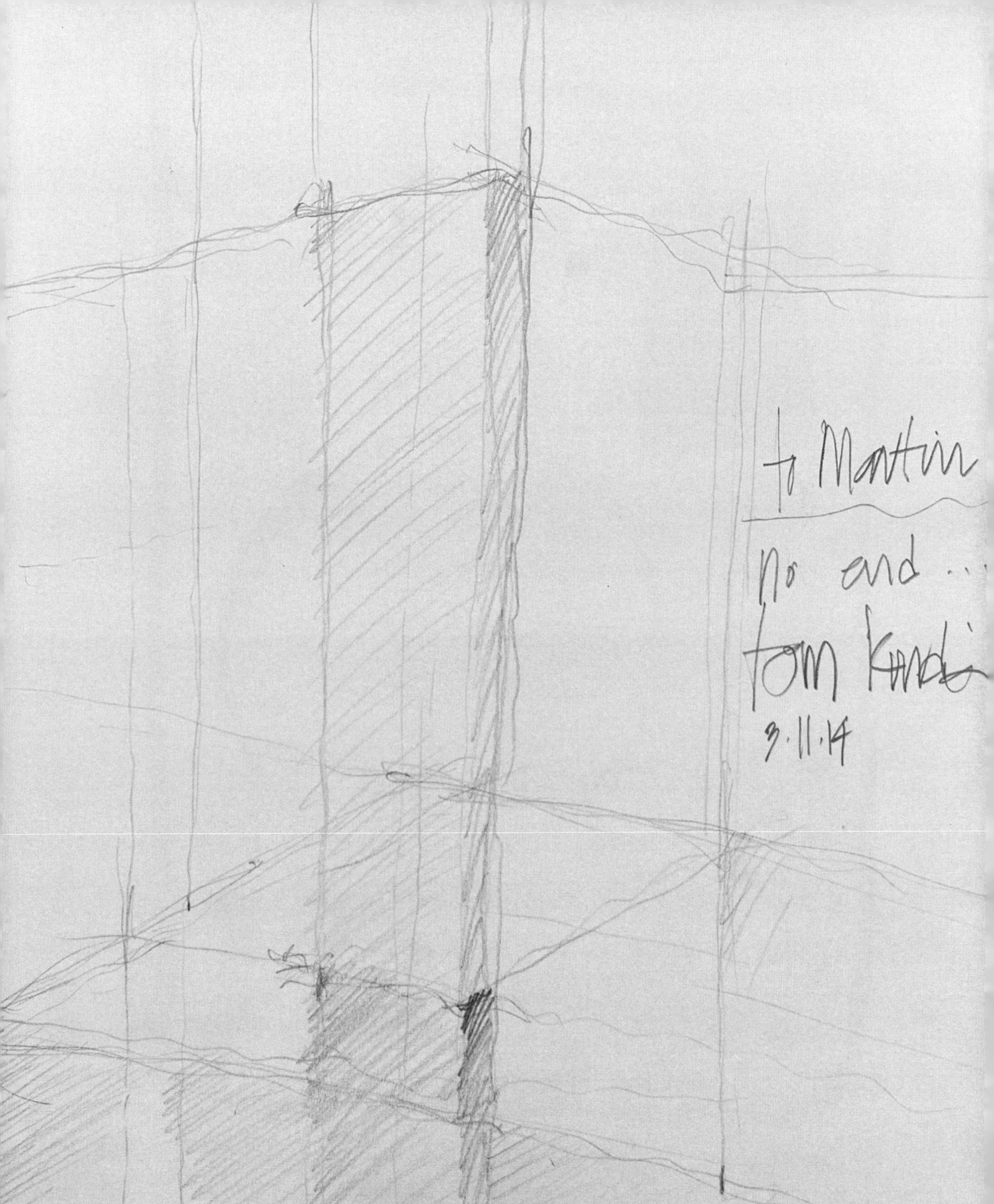
to Martin
no end ...
Tom Kundig
3.11.14

THE PLANE, NOT DECOR
STEPHEN PRINA
LOS ANGELES / CAMBRIDGE 2013

ARCHITEKTUR IST
(DOCH) EIN HUND,
W.P.

4/12/15

TO MARTIN: "TRUTH IS THE DAUGHTER OF TIME"…. SOPHOKLES

BARRAGAN

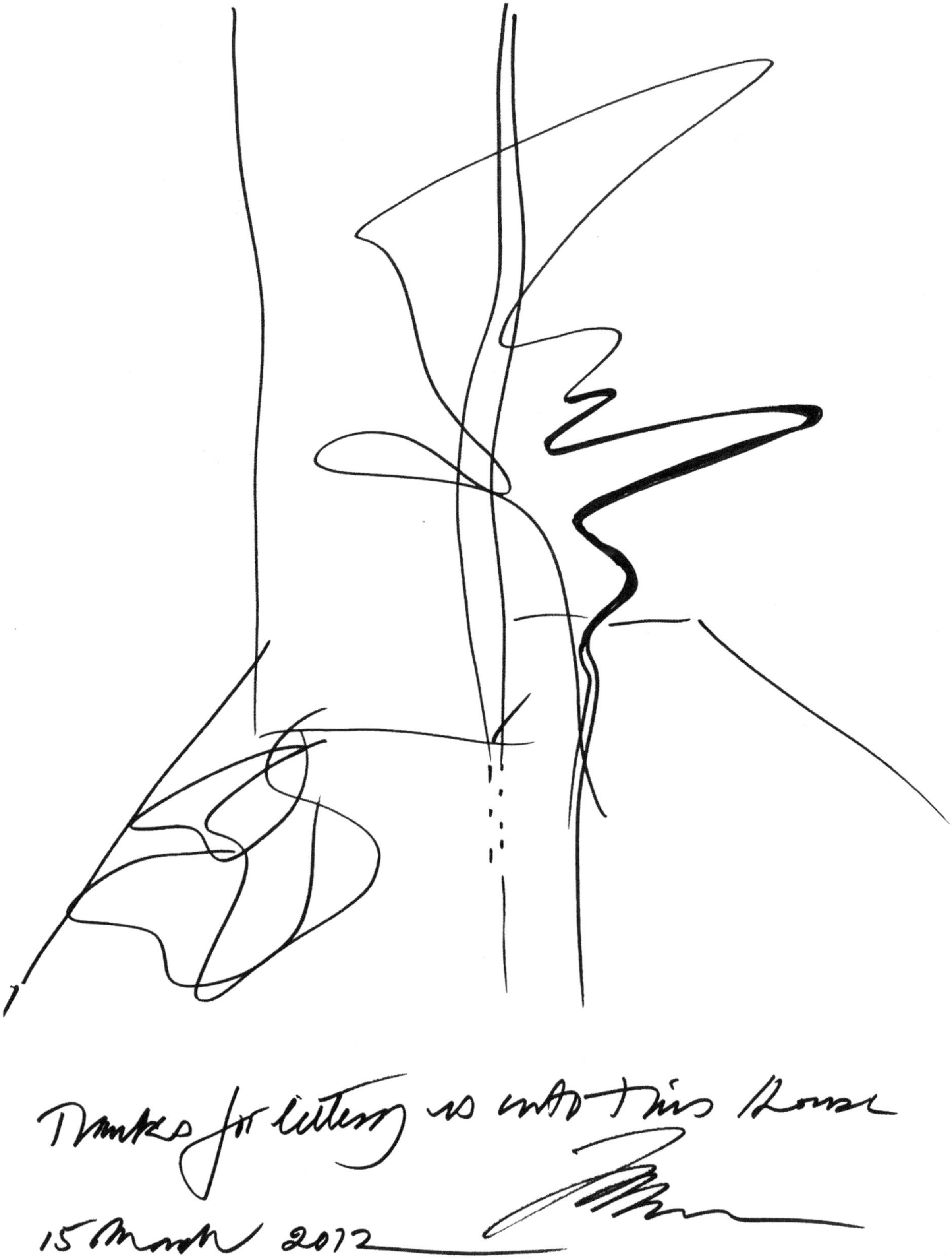
Thanks for letting us into this house
15 March 2012

Casa Gilardi
11/2022

Architecture as Landscape...
2012.03.13

To Martin
Casa de Sol
Casa de Soledad
Toyo Ito
05 Oct. 2009

Dearest M.

This is the first sketch of our infinite dinner table project.

To infinity more dreams. ♥.

x

Sumayya.

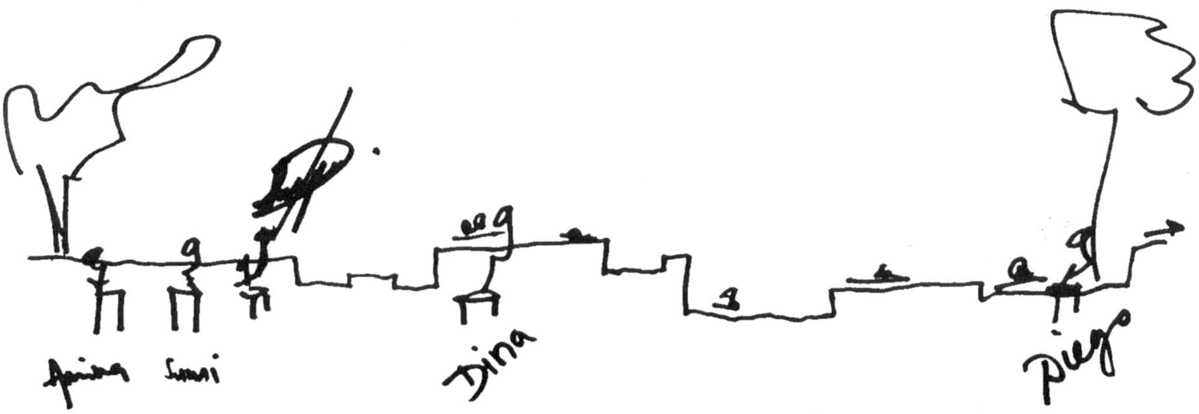

Ahora, ¡Siéntete libre de dibujar aquí!

ヒラルディ邸

伊東豊雄

私がメキシコに強く惹かれるようになったのはプエブラにあるメキシカン・バロックの教会に案内されてからである。
16 世紀にスペイン人が入植した際、彼らは原住民を改宗させるためピラミッドを破壊し、その上に原住民の職人の手によって素朴な教会を建てた。それらは黒いマリア像であったり、可愛らしいエンジェルが宙に飛び交う、プリミティブでありながら生命力に溢れた明るい建築であった。
そうした生命力や明るさは今日のメキシコにも充満している。経済的には決して豊かな国とは言えないが、強い陽光と生活をエンジョイする人々の姿に、私はメキシコを訪れるたびにエネルギーをもらう。
ヒラルディ邸は長方形プランの直線のみによって構成されたモダニズムの建築である。外部も内部も余分な要素をそぎ落とされた抽象的な面の組み合わせでつくられている。素材もほとんどの壁は粗いモルタルの掻き落としで仕上げられている。
しかしこの住宅の内部にはメキシコ独特の生命力が漲っている。強い陽光とそれを受け止める強い色彩、水、それらが重なり合って我々は住宅の内部にいることさえ忘れ、光と色彩によるメキシコの自然の空間に浮かんでいるように感ずるのだ。
その印象はまるで抽象的な絵画の空間の内に身を置いて居るようだ。
この住宅はルイス・バラガン晩年の作だし、バラガン自身寡黙で静かな人だったと言われているが、どこにこの生命力溢れる空間をつくるエネルギーを秘めていたのだろうか。
モダニズムの空間の内に込められた内なるメキシコの自然、それは我々に多くの力と勇気を与えてくれる。

El momento que despertó en mí una fuerte atracción hacía México, fue aquel en el que me llevaron a recorrer una iglesia mexicana de estilo barroco en Puebla.

Construida en el siglo XVI, época en la que los españoles colonizaron este territorio, destruyendo las pirámides y convenciendo a los nativos de edificar en su lugar dicha iglesia, 'La casa de Dios', con el único fin de convertirlos a sus creencias. En su interior, imágenes de una Virgen María indígena acompañada de hermosos ángeles volando por doquier y, aunque era evidente que se trataba de una arquitectura elemental, también lo era el que la luz y la vida danzaban dentro de ella.

Esa asombrosa luz y vitalidad impregnan a México hasta el día de hoy. Aun cuando este país no sea considerado una gran potencia económica, la forma en que la gente disfruta del fuerte sol y más aun de la vida, siempre me ha llenado de energía en cada una de las visitas que he realizado.

La Casa Gilardi, fue edificada con líneas rectas e íntegras en un planteamiento longitudinal, que tiene como base la arquitectura moderna. Los elementos superfluos han sido eliminados, tanto en el exterior como en su interior. La mayoría de las paredes cuentan con un terminado rústico de mortero, así como algunos materiales muy sencillos en el resto de la misma.

Sin embargo, esta casa está llena de una vitalidad particularmente mexicana. Además de una luz intensa y una gran mezcla de colores, incluye un elemento muy especial, el agua, aquella que pareciera lavar el alma, haciéndonos olvidar que estamos dentro de una habitación, provocando un sentimiento envolvente sobre este espacio de luz y color mexicano.

Daría la impresión de que estuviese situada en medio de un cuadro abstracto.
Está casa fue construida en los últimos años de Luis Barragán, un hombre al que se creía tranquilo y taciturno, por lo que todos nos preguntamos, ¿de dónde saco la energía para crear este espacio tan lleno de vida?

Y si algo está claro, es que la naturaleza mexicana contenida en el interior de este espacio moderno, nos da a quienes lo contemplamos, la fuerza y valor que no sabíamos que necesitábamos.

Casa Gilardi

Charles Renfro
Diller Scofidio + Renfro

La interioridad sugiere un sitio sin acceso al exterior que produce un estado de ser completamente autorreferencial, solipsístico o incluso narcisista. La interioridad puede llevar al ensimismamiento, al aburrimiento, a la ansiedad, a la asfixia (o a la masturbación). O puede llevar a Casa Gilardi, una obra completamente interior bañada de luz, color, placer, alegría y libertad. Para mí, la supresión de las distracciones del mundo exterior (solo un árbol nos recuerda que hay vida al otro lado) y el mundo interior (no hay interruptores, ni tomas de corriente, ni apliques de luz, ni zócalos, ni perfiles, ni chapas de protección, ni cenefas ni umbrales) conduce a un sentido de abandono de lo cotidiano y a una conexión total con los sentidos de uno. Se parece más a un escenario teatral que un cuerpo va desplazando, un gesamptkunstwerk cinemático que ofrece un paliativo para la sobreestimulación de nuestra vida moderna. También proporciona una experiencia inmersiva más cercana a un club que a una casa: Casa Gilardi es más una droga que un edificio, que transporta residentes y visitantes a un estado de ser alterado pero sin resaca.

Neil Denari
NMDA

Desde la puerta de garaje de madera de chevrón a la piscina iluminada por un rayo de sol en la parte trasera de un pedazo del tejido urbano de Ciudad de México, la Casa Gilardi es un recipiente cartesiano repleto de todas las ideas que tuvo Luis Barragán, de las cuales, según se mire, eran muy pocas o impensablemente demasiadas. Concebida tiempo después de que hubiera dejado la práctica arquitectónica[1], este es una especie de proyecto 'segunda vida' que solo puede compararse con la iglesia de san Pedro en Klippan de Sigurd Lewerentz[2], tanto en términos de momentos de la vida como en la compresión milagrosa de ideas, que ambos solventan evitando resultados calamitosos en sus últimas obras. Así es, las obras tardías de muchos arquitectos suelen ser las más extrañas y, a menudo, las menos convincentes, producto de delirios de grandeza, soberbia, falta de conciencia de uno mismo o resultado de un raro declive de sus habilidades. Pero en el caso de la Casa Gilardi, Barragán impuso su última voluntad construida como testamento, su última ofrenda a los dioses arquitectónicos[3], en un emplazamiento con un único árbol de jacarandá que imploraba su salvación. Y no solo lo conservó sino que lo convirtió en su cliente de otrora, construyendo a su alrededor una casa que dos solteros tendrían que resolver cómo habitarla.

Este enfoque —un arquitecto en busca de todos los seres conscientes en un emplazamiento, como si los árboles, el agua, el suelo, las nubes y las sombras pudieran considerarse como participantes activos, sintientes en un proceso de diseño— puede parecer demasiado convencional para un fenomenólogo como Barragán, pero siento que los humanos implicados, en este caso los clientes originales Pancho Gilardi y Martín Luque, son menos los seres reales y más las apariciones fantasmales que se mueven misteriosamente a través de espacios eternamente sólidos. Visité una vez la Casa Gilardi pero, a diferencia de muchos, no hice ninguna fotografía, pues prefería recordarla vagamente[4]. En este sentido, la habité de forma natural, en el estado en que Barragán hubiera preferido. Lo que nace de esta especie de indeterminación se encuentra en el núcleo de su obra en el sentido de que es multifacética desde el punto de vista espacial, posiblemente incluso esquizofrénica. El estilo del espacio es parte estructura de celda monástica, parte Raumplan loosiano y parte Shinden-zukuri. Barragán diseñaba entornos que en superficie parecen simple en su disposición, pero que por debajo del nivel de la percepción obvia se esconde una experiencia visual temporal que no puede ser captada limpiamente, ya sea a través de la mente o de una cámara. Y cuando se imagina a través de un mundo cromático de magentas, azules y amarillos, es como si te movieras a través de una pintura que hubiera sido separada en píxeles de CMYK, sin poder recuperar nunca la imagen original.

Mientras que la familia Luque se refiere a ella como «solo» una casa, un lugar en el que discurre la vida diaria, para el resto del mundo la casa es igual de real, pero no podemos habitarla o verla, solo podemos soñarla. Pero no todos los sueños se recuerdan, perdidos en un repositorio inaccesible de experiencias imaginadas. Como en el final de Blow up[5], quizá nunca estuve ahí.

1. Un arquitecto nunca se retira incluso si deja de construir, de la misma manera que todos los arquitectos son «jóvenes» mientras estén vivos
2. Este fue el último proyecto de Lewerentz que terminó justo después de cumplir ochenta años.
3. Utilizo 'dioses arquitectónicos' de una forma más amplia en el sentido espiritual. El católico Barragán puede que tuviera un único Dios con el que se comunicaba, pero presiento una relajación de esta singularidad cuando pienso en las fisuras conceptuales de la obra, donde otros demiurgos buscan llamar nuestra atención.
4. Si soy sincero, sí busqué algunas imágenes online antes de escribir este texto, pero estas fotografías apenas contribuyeron a recrear recuerdos sólidos.
5. Blow Up, la película de Michelangelo Antonioni de 1996 inspirada en el cuento de Julio Cortázar Las babas del diablo, termina con el fotógrafo Thomas volviendo al parque en el que cree que fue testigo de un asesinato. Solo encuentra a mimos jugando a tenis sin raquetas ni pelotas. Y luego también desaparecen, dejándolo solo a él como una única figura fantasmagórica. El mundo es material, nosotros, no.

ルイス・バラガンの建築

私はメキシコに行ってルイス・バラガンの建築を訪ね、魅了された。とくにバラガン自邸をはじめとした、ギラルディ邸や　邸などのメキシコシティ市内にある都市住宅と庭は素晴らしいと思った。もっとも感銘を受けたことは、バラガンは何も特別なものを用いずに、普通の材料だけでもって、きわめて独創的な建築を作っている点だ。構造は、たとえばキャンデラのように冒険的な構造に挑戦しているわけではない。バカルディのミースのように、大ガラスや大理石などの高価で豪華な材料を用いているわけでもない。また、初期のオゴルマンのように、先鋭的なモダニズム建築を追求しているわけでもない。バラガンはそういうことをせずに、普通の壁と床、ドア、窓、レンガ、木という、メキシコシティの街に溢れかえっている当たり前のものだけを使う。バラガンの建築はハカランダの花のように鮮やかな色彩を持ち、その色鮮やかな色彩がバラガン建築の専売特許のように私たち日本人はみんな思っている。しかしメキシコシティに行って誰もが気づくのは、そもそもメキシコシティは色鮮やかなのだ。赤や紫や白の壁が次々に連続し、メキシコの美しい花や木々と混ざり合いながら、街が出来上がっている。バラガンの建築は、色鮮やかな人工の色彩と、豊かな自然の赤や紫が混ざり合ってたいへん美しいが、しかしそれはメキシコシティでは特別なことではなくて、みんながやっていることなのだ。

そういうわけで、ルイス・バラガンの建築について私が思う素晴らしさを思い切り簡単にまとめてしまえば、誰でも使うような材料と構造体でもって、誰もできなかった建築芸術を創造したその独創性であり、またその独創性が、周囲から孤立したそれではなくて、メキシコの自然や歴史そのものであることだ。

西沢立衛

Cuando viajé a México y vi la arquitectura de Luis Barragán, me sentí inmediatamente atraído por ella. Las casas urbanas con jardines que diseñó en Ciudad de México —su propio hogar, la Casa Gilardi, la Casa Ortega— son sublimes. Me impresionó especialmente que creara obras extremadamente originales usando solo materiales convencionales, nada especiales. No experimentó con estructuras osadas, como Candela; tampoco se permitió el lujo de usar materiales caros como el mármol ni grandes paneles de vidrio como hizo Mies en el edificio de oficinas Bacardi. Ni tampoco luchaba para producir arquitectura modernista radical como O'Gorman en sus primeros años. Barragán, en cambio, usaba muros, suelos, puertas, ventanas, ladrillos y madera nada fuera de lo común, solo cosas que cualquiera podría encontrar en Ciudad de México. Y aun así, su arquitectura es tan fresca y colorida como las flores del árbol de jacarandá, y esta intensidad es un atributo patente en la «arquitectura de Barragán» en las mentes de japoneses como yo. Cuando la gente visita Ciudad de México se da cuenta de que la ciudad misma es igual de colorida. Los barrios se componen de hileras de muros de color rojo, violeta y blanco adornados con bonitas y llamativas flores y árboles de México. La arquitectura de Barragán también se llena de vida con esta mezcla de colores brillantes artificiales y tonos más naturales que van del rojo al púrpura. Pero en Ciudad de México esta mezcla no es nada único, es lo que todo el mundo hace.

En resumen, lo que más me gusta de la arquitectura de Luis Barragán es su auténtica originalidad al usar materiales y estructuras que nadie más utiliza para crear arte arquitectónico que nadie más podría crear. Esta originalidad es lo que hace que su obra se fusione con el entorno y también con la historia y el paisaje natural de México.

Michelle Delk es socia y directora de paisajismo en Snøhetta en América del Norte con sede en Nueva York y Denver, Colorado. Es diseñadora y una defensora apasionada del espacio público. Su obra evoca una premisa fundacional para crear lugares que mejoren las relaciones positivas entre la gente y el entorno. Participa en una gran variedad de organizaciones de paisajismo, proyectos curatorial ese instituciones académicas.

Llego de Nueva York ya de noche en mi primera visita a Ciudad de México. Voy directamente del aeropuerto a cenar: un restaurante con un patio entre árboles erguidos en dirección al cielo, voces animadas que participan de conversaciones alegres, recibida por extraños como si fuéramos viejos amigos.

La energía se transforma en euforia bien entrada la noche. Todos compartiremos nuestro trabajo en un simposio de arquitectura al día siguiente; las ganas de ir a dormir se reprimen... Presente en este momento, pero ¿dónde estoy? Conversación en la calle. Nos vamos juntos hacia otra parte de la ciudad.

Hora de la foto, 12:51am

Silueta de un árbol escultórico puntuado por escasas hojas oscuras; ramas enmarcadas por una luz tenue que sale de las aberturas rectangulares de la fachada de un edificio a oscuras; detrás, un cielo monótono gris-oscuro. Mi llegada.

Me invitan a pasar unas voces susurrantes: la familia está durmiendo en la planta de arriba. Esta es la casa de alguien. Esta es la Casa Gilardi, la última obra de Barragán. Sin explicaciones, sin discusiones, entra, mira, explora... solo sé tú misma.

Una ligera sensación de transgresión amplía la curiosidad y la intriga. Los sentidos viscerales de asombro, intimidación y alegría contenida modelados por brillantes colores: rojo, azul, amarillo; me maravillo ante el juego entre luz y oscuridad del exterior al interior y a la inversa; la sensación de movimiento deambulando, tocando, viendo, sintiendo.

Hora de la foto, 1:20am

Me avergüenza admitir lo poco que entendía a Barragán hace unos minutos y cómo me siento ahora. Conocimiento afectado por experiencia; sentimientos formados por recuerdos. Han pasado 29 minutos, quizás más, la cámara se quedó olvidada en mi bolsillo.

La Casa Gilardi de Barragán es ampliamente reconocida por su fotogénica piscina, que da vida al corazón de la casa gracias al llamativo color de los muros que penetran el agua, desmaterializándola en el proceso. Es imposible no observar cómo los reflejos de la luz natural cambian constantemente, afectados tanto por la hora del día como por la fluidez del agua. En el contexto de estos efectos atmosféricos dinámicos, las peculiaridades más sutiles de la sección de la Casa Gilardi a menudo se pasan por alto. La casa plantea dos estrategias de sección muy diferentes. Acceder a la piscina implica atravesar la longitud del sitio, solo a unos pocos escalones de distancia de la calle y del umbral del vestíbulo de la escalera. Y aun así, desde la sala de la piscina uno siente que ha entrado en un espacio subterráneo, con luz filtrándose desde arriba como en una especie de gruta. La iluminación dorada del pasillo, atravesada por cortes verticales en el muro, intensifica la sensación de movimiento horizontal en dirección a una mayor densidad. Asimismo, a pesar de que el árbol de jacarandá marca el nivel original, la mayor parte de las superficies horizontales exteriores de la casa se encuentra al nivel de cubierta sobre la piscina, accesibles a través de una característica no-puerta como puerta. En contraste, la escalera central asciende vertiginosamente tres plantas, asentada sobre una base sólida de yeso en planta baja pero con largueros más delgados a medida que se accede a las dos plantas superiores. Escalones de madera recubren este grosor, en voladizo sobre el vacío central sin barandilla alguna que impida la caída. Allá donde un modelo de sección se activa desplazándose horizontalmente hacia el suelo, el otro asciende hacia la luz con muy poca protección ante el tirón de la gravedad. Es interesante observar cómo estas dos estrategias de sección están dibujadas en el plano de sección longitudinal por la misma infraestructura: líneas de desagüe. Una línea ligeramente inclinada, justo por debajo de la superficie del patio exterior, se conecta con un espacio contiguo a la superficie de la piscina, mientras que un sistema de fontanería circula verticalmente contigua a la escalera. Para una casa cuya característica más icónica es el agua, es quizás la infraestructura de fontanería escondida la que muestra las cualidades más características de la sección.

Kengo Kuma
KKAA

バラガンにとっての色

物体があって、そこにテクスチャーを貼りつけたり、色を貼りつけるという方法が、20世紀の建築界を支配していた。僕はその方法をテクスチャーマッピング建築と呼んでいる。その方法はコンクリートという物質の性質に由来すると、僕は考えている。それぞれのローカルな素材で、建築を作っていた時は、素材自体にテクスチャーや色があったので、その上に何も貼り付ける必要がなかった。しかし、コンクリートは、その上にどんなテクスチャーや色も貼り付けられるという、きわめて融通無碍な自由な素材であったが、逆にいえば、貼り付けなければどうしようもないほどに、無味乾燥のつまらない素材であったということでもあり、この素材が、20世紀という時代の性格を規定したともいえる。

このテクスチャーマッピングとは対照的な方法を、具体的な、ローカルな物質を用いて、追究してきたのが、僕のやり方である。そのヒントを与えてくれた一人が、ルイス・バラガンである。バラガンは色を用いながら、彼にとっての色はコンクリートの表層に貼り付けられた薄い皮膜ではなかった。色は、厚みのある塊であり、その塊の集合体として、建築は構成されているのである。彼の最後の作品であるヒラルディ邸を訪れた時、彼にとって色は表層ではなく、具体的な塊であり、それが塊であるがゆえに、僕らの心につきささって来ることに気が付いた。

特にヒラルディ邸のプールは、彼の方法をわかりやすく僕らに伝えてくれる。それは、プールというよりは、水の塊であり、その塊は明らかに、水の色をした塊として、僕らに迫ってくるのである。このようにして水を取り扱った建築家は、今まで存在しなかったかもしれない。コルビュジエも色を好んで使ったが、バラガンの水の使い方に比べれば、コルビュジエは表層主義者であり、テクスチャーマッピングの人であったように見える。バラガンは、テクスチャーマッピングを超える、新しい時代の扉をあけた一人であった。

８３３字

Cuando un objeto es creado y a su superficie se agrega o adhiere una textura o un color, el resultado que se obtiene es el método que dominó al mundo de la arquitectura en el Siglo XX. Este mundo, del cual formo parte, lo denomina "mapeo de texturas". Dicho método y su aplicación son solo posibles gracias a la naturaleza de un material muy específico, el concreto, eso lo sé.

Cuando yo construía con materiales locales, no había necesidad de agregarles nada puesto que estos ya contaban con una textura y un color propios.
El concreto en cambio, insípido y aburrido por sí mismo, resulta ser en contraste, un material extremadamente flexible al que se le puede adherir cualquier textura o color y con ello enriquecerlo de manera notable. Con estas propiedades, este material terminó por definir el carácter del Siglo XX.

En contraste al "mapeo de texturas", mi manera de hacer arquitectura es utilizando materiales locales específicos y seguir sus formas. Quien nos dio esa pista fue el mismo Luis Barragán. Cuando Barragán utilizaba un color, no lo veía como una capa fina adherida al concreto, lo entendía e interpretaba como un gran volumen, y su arquitectura como consecuencia, estaba compuesta por varios conjuntos de este tipo de volúmenes. Cuando visité su última obra, 'La Casa Gilardi', pude ver con mis propios ojos como para él los colores no eran superficiales, eran una masa, que, como tal, se adhería sin remedio a nuestros corazones y mentes.

Mención a parte merece la alberca en La Casa Gilardi, aquella que, al mirarla, pareciera contarnos de forma sencilla el camino que el mismo Barragán recorrió. No es solo una alberca, sino una masa de agua, la cual tan liquida y cristalina, se desborda hacia nuestro interior, empapándonos de todo aquello que absorbió y que ahora vive dentro de ella. Dándonos a entender que el arquitecto que la construyó, puede no haber muerto, sino que, en cambio,
sigue tan vivo como antes.

Le Corbusier también disfrutaba utilizando el color, pero comparándolo con el uso que Barragán le da al agua, Le Corbusier queda expuesto como superficial, aunque se proclamara a sí mismo como un gran empleador de la técnica del "mapeo de texturas". Barragán fue mucho más allá de la técnica, y solo así es como abrió la puerta, para todos nosotros, a una nueva era.

Olot-México, 16 February 2023

Rafael Aranda, Carme Pigem, Ramon Vilalta.
RCR ARQUITECTES

Francisco (Pancho) Gilardi, Martin Luque, Arcelia, Martín, Eduardo y Carlos.

Una foto, unas fotos, un color, unos colores, los arquitectos sucumbimos a la belleza que emana de pequeños documentos que llegan a nuestras manos. Pero a menudo vivir en la belleza no es tan fácil. Cuando compras una pieza de arte y deseas no verla, le das la vuelta, la llevas al almacén, la escondes de tu vista para volverla a descubrir otro día, como quién redescubre su melodía preferida de la cual se había cansado después de tanto oírla. Pero cómo haces con la arquitectura cuando ella te condiciona tu vida y puedes llegar a cansarte porque deseas otras comodidades, otros colores, otra luz, ¡no le puedes dar la vuelta!

Que no canse la arquitectura es magia del arquitecto, que no te canses de ella es magia de quien la habita. Aprender a amar, aprender a comprender, aprender a vivir con ella. La dedicación y abstinencia que a veces requiere o puede requerir se compensa con la paz y la alegría y esa luz que te da esta belleza y que varía todos los días, todas las horas, cada minuto, y que te vuelve a enamorar a cada instante. Y así poder tender la ropa al viento y llorar a los que se han ido, Luis, Pancho y ahora Martin, los que la levantaron. Y agradecer a los que la han mantenido en pie y a los que van a seguir haciéndolo con respeto.

Cuando tienes la oportunidad de conocer a esas personas, como hemos tenido nosotros y departir en México y en Olot, comprendes tantas cosas y sientes tanto la humanidad, que deseamos a quienes visiten la casa, aunque no la vivan, que tomen conciencia y se esfuercen en percibir toda esa humanidad. Ellos, junto a la belleza, se lo merecen.

San Francisco, 2023

Thom Faulders
Faulders Studio

Estaba en Ciudad de México para dar una charla en el Polyforum Cultural Siqueiros. Junto con otros invitados y organizadores pasamos un par de horas visitando la Casa Gilardi de Barragán y disfrutamos de la compañía de uno de los habitantes del edificio.

Para mí, la Casa Gilardi es una casa que «está en la mitad». Estar en la mitad quiere decir crear interferencias, convertir algo que debería ser fácil en un reto, generar un problema. Cuando funciona, el acto de estar en la mitad puede ser una posición constructiva de desafío, de bloquear para abrir, de hacer una proclamación.

Una de las fotos más icónicas en arquitectura contemporánea es la sala de estar principal de la Casa Gilardi: una mesa de comedor situada en un extremo de la sala y en el otro, un gran estanque lleno de agua. Esto significa que el cincuenta por ciento del espacio no es accesible: el líquido se encuentra en la mitad. ¡Es genial! Deja los pies a un lado de la sala y usa tu imaginación para acceder al otro. Deja que tu cerebro experimente lo que tú (¿de qué tú estamos hablando?) físicamente no puedes. Quizás Barragán se reía de este entuerto: en cualquier caso, ¿qué es lo que se entiende por utilidad y propósito? Haz que una parte de la sala sea inaccesible y ¡obtendrás algo más! De este estanque interior emerge un muro vertical de color rojo, ubicado a propósito para colocarse en la mitad de la visual completa de la piscina. Al menos durante mi visita, este muro impedía la visión de una gran piedra negra que reposa silenciosamente en el agua, tratando de esconderse de una forma tan obvia como lo haría un animalito sin hacer ruido alguno. Toda esta interferencia y obstrucción tiene un propósito más profundo: las fotos cuentan mejor la historia de una habitación llena de cosas, como brillos y matices.

En el exterior, en el patio adyacente, muros altos obstruyen la vista hacia afuera. ¿Es realmente una pérdida que podamos ver solo el cielo, de un azul que combina perfectamente con el muro interior pintado? En el centro de este patio se erige un viejo jacarandá que llena de manchas púrpuras todo el pavimento de piedra.
Una de las ramas del árbol ha sido cortada recientemente con una sierra: estaba a punto de alcanzar el muro de piedra de color púrpura interfiriendo en la mitad del crecimiento natural del árbol. Pero el jacarandá gana: confinado en la geometría ordenada del patio lanza sombras aleatorias sobre cada superficie enyesada de Barragán sin ningún tipo de orden. Sin tanta arquitectura estorbando en la mitad de las sombras que llegan al suelo nos perderíamos este patrón no estático, un tanto desordenado.

Ya de nuevo en el interior, una sólida puerta batiente doble esconde la visual de la cocina desde el pasillo de tonos amarillos. Esta puerta entorpece el ir y venir cotidiano de los habitantes de la casa y si uno no se anda con cuidado, una de las puertas batientes puede terminar dándote en la cara. Para mantener la paz, un orificio del tamaño de un puño penetra la puerta justo por debajo del nivel del ojo. Con este pequeño invento, un impedimento diario de golpe se vuelve más interesante.

Los edificios deberían tratar de meterse en la mitad más a menudo.
A la arquitectura se le debería permitir meterse en la mitad más a menudo.

Casa Gilardi:
un viaje surrealista a través de contrastes arquitectónicos y valores humanos

Alvin Huang
SDA

«Un poema es una puerta que se abre hacia otro mundo.»
Octavio Paz, *«El otro México: Crítica de la Pirámide»*

Al cruzar el umbral de la Casa Gilardi, uno se siente invadido por una sensación remarcable, un alejamiento radical e inmediato del denso y caótico tejido urbano de Ciudad de México. El aire cambia y la luz se filtra, con la consiguiente sensación de tranquilidad e introspección. Es como si uno hubiera entrado a otro mundo, una dimensión alternativa e introvertida creada con esmero por el genio arquitectónico Luis Barragán. La Casa Gilardi, con su profunda conexión con la identidad mexicana y su capacidad para evocar experiencias emocionales, introspección y reflexión, se convierte en testigo del poder de la arquitectura como fuerza transformadora.

La Casa Gilardi no solo representa un momento trascendental de la modernidad, sino que también subvierte los tradicionales mantras modernos, como por ejemplo *«una casa es una máquina de habitar»* de Le Corbusier o *«la forma sigue a la función»* y *«menos es más»* de Mies. Estas declaraciones conectan la modernidad con los ideales fundamentalmente occidentales que rodean el industrialismo, el funcionalismo y el minimalismo. Por el contrario, creo que el -ismo con el que uno se siente más contundentemente conectado cuando se pasea por el santuario urbano que Barragán diseñó originalmente para Martin Luque y Pancho Gilardi en 1978 es fundamentalmente un -ismo mexicano, surrealismo. En México, el surrealismo tiene una resonancia y una relación simbiótica con las tradiciones indígenas del país, el realismo mágico y la agitación política y social. La escritura del reconocido y premiado poeta mexicano Octavio Paz incorporaba elementos surrealistas en sus obras, mezclando realidad y fantasía, cuestionando las normas convencionales, explorando el subconsciente y haciendo de sus palabras creadas meticulosamente el tándem perfecto para entender las sensaciones viscerales que uno siente al penetrar el mundo introvertido de la Casa Gilardi.

El seminal proyecto de Barragán puede, sin ninguna duda, relacionarse con el surrealismo a través de varios aspectos de su diseño y filosofía. El enfoque arquitectónico de Barragán, como el surrealismo, crea una atmósfera poética que difumina las fronteras entre realidad e imaginación. La interacción entre luz y sombra, la yuxtaposición de colores brillantes y la calidad etérea de los espacios evocan un ambiente de ensueño que recuerda a las pinturas surrealistas. A menudo se recurre al surrealismo como una forma de escapar de las restricciones de la racionalidad y las normas tradicionales. La Casa Gilardi proporciona un santuario, un refugio del caótico mundo exterior. Su diseño introvertido crea una sensación de reclusión, permitiendo a los residentes desconectar del exterior y sumergirse en un reino surrealista y contemplativo.

«Los opuestos se completan.»
Octavio Paz, *«El laberinto de la soledad»*

Una vez entramos en el inner sanctum de la Casa Gilardi, encontramos el despliegue magistral de Barragán que consiste en aberturas espaciales, superficies brillantes y volúmenes meticulosamente coreografiados. De una forma que recuerda a los claroscuros de Caravaggio, Barragán emplea hábilmente una técnica arquitectónica que establece extremos conceptuales opuestos. La interacción entre luz y sombra, compresión y expansión, saturación cromática y difusión y umbrales espaciales y pendientes da lugar a una experiencia arquitectónica que oscila con gracia entre estos elementos de contraste.

Similar al concepto de Louis Kahn de espacios servidos y servidores, Barragán emplea de forma ingeniosa las áreas privadas de la casa, incluyendo la cocina, espacios de almacenamiento, garaje, baños y dormitorios, como bolsillos ocupables que crean una presión espacial. Al comprimir el vestíbulo de entrada y el pasillo central y limitando su exposición a la luz natural, Barragán intensifica la sensación subsiguiente de expansión espacial y la infusión de luz de día natural mientras uno se desplaza por los espacios públicos de la casa, como el comedor, la piscina interior (un elemento característico a petición del propietario), patio y sala de estar.

La oscuridad se emplea a propósito para acentuar el juego de luz, mientras que la compresión está estratégicamente implementada para subrayar los momentos de expansión. La saturación deliberada de unas superficies seleccionadas con tonos brillantes permite la propagación de una riqueza cromática hacia las superficies blancas vecinas. En la armonización de estos elementos de contraste es donde la genialidad de Barragán destaca con más fuerza, culminando en una sinfonía espacial que atrae a las personas a abrirse camino entre una dinámica gama de emociones y sensaciones.

En la Casa Gilardi, Barragán revela su conocimiento profundo de la interacción entre elementos arquitectónicos contrastados, entretejiéndolos conjuntamente para crear un ambiente inmersivo que trasciende las fronteras de las experiencias espaciales corrientes. Cada contraste creado hábilmente mejora el siguiente, resultando en una composición armónica que invita a la contemplación, la introspección y la exploración de las complejidades de la percepción humana y la reacción emocional.

«Las palabras más simples son las más profundas, / las palabras más simples son las más verdaderas.»
Octavio Paz, *«Pasado en claro»*

Los contrastes arquitectónicos orquestados meticulosamente en la Casa Gilardi desencadenan una experiencia arquitectónica intensa, rica y multifacética. No obstante, es importante destacar que su riqueza proviene no solo de la abundancia de complejos elementos de diseño, sino de una paleta bastante limitada de decisiones simples pero impactantes, formas platónicas y una restringida selección de materiales. El proyecto actúa de testigo del poder transformador de la simplicidad.

En la Casa Gilardi, Barragán domina con habilidad la elegancia inherente de las formas elementales, el uso estratégico del color y la disposición deliberada de aberturas para crear una secuencia con matices y cuidadosamente estudiada de eventos espaciales. Al abrazar el poder de la simplicidad, Barragán crea un espacio que facilita una profunda introspección emocional. Cada gesto arquitectónico, por muy simple que aparente ser, conlleva una resonancia profunda, envolviendo a los visitantes en un reino donde la simplicidad sirve de conducto para las emociones complejas y la contemplación.

En la simplicidad refinada de la Casa Gilardi, cada expresión de diseño lleva un peso significativo invitando a los visitantes a implicarse con el espacio a un nivel más personal. La claridad y la franqueza del lenguaje arquitectónico crean una sensación de claridad y foco, despojándose de distracciones y permitiendo que brille la esencia del diseño. Es a través de esta simplicidad sintetizada que la Casa Gilardi va más allá del ámbito de la mera realidad estética, invitando a residentes y visitantes por igual a embarcarse en un viaje de autoconocimiento, conciencia elevada y conexión emocional.

«El mundo es un eco de nosotros mismos.»
Octavio Paz, *«El laberinto de la soledad»*

A diferencia de los símbolos modernos transparentes de la Casa de Cristal de Philip Johnson y la Casa Farnsworth de Mies van der Rohe, que disuelven las fronteras entre los reinos interiores y exteriores, la Casa Gilardi representa un mundo opaco e introvertido, un santuario para la introspección y experiencias profundamente emocionales. Este alejamiento de las nociones convencionales modernas acentúa el conocimiento profundo de Barragán de la condición humana y la profundidad de nuestro ser más interior.

La Casa Gilardi, con sus patios aislados, los tranquilos elementos de agua y las visuales meticulosamente enmarcadas, establece un profundo diálogo entre el individuo y su entorno. Enfatiza la conexión inseparable entre la arquitectura y la experiencia humana, ofreciendo un contraste extremo con otras corrientes del pensamiento moderno occidental que preferían las nuevas tecnologías y los materiales industriales como el cristal y el acero.

En contraste con las ideologías modernas que colocaban las casas como tronos desde donde mirar por encima a su alrededor, la Casa Gilardi se aparta con intención de esta noción. Barragán, en su genialidad, creó un mundo interno, un espacio íntimo introspectivo donde poder conectarse con uno mismo. Gracias a un uso deliberado de una paleta material limitada y primaria consistente en ladrillo y estuco, orquestó un entorno que promueve la introspección en lugar de proporcionar un gran escenario para la observación hacia fuera.

Al concentrarse en la creación de un reino interno, la Casa Gilardi se convierte en un santuario para la contemplación individual, un refugio donde el individuo puede indagar en sus emociones, pensamientos y aspiraciones. Es en este mundo interior, protegido dentro de los muros de la Casa Gilardi, que las personas pueden embarcarse en un viaje de autoconocimiento y conexión con su ser.

La obra maestra de Barragán cuestiona los mantras predominantes de la modernidad que dan prioridad a las perspectivas expansivas y externas. Como contraposición, domina el poder de crear espacios que invitan al individuo a mirar hacia dentro, para explorar la profundidad de su propio ser y forjar una conexión íntima con sí mismo. La Casa Gilardi ejemplifica la noción de que la auténtica genialidad arquitectónica reside no en las grandiosas exhibiciones de poder sino en la habilidad para cultivar un ambiente que resuena en el espíritu humano, fomentando la introspección y enriqueciendo nuestros mundos interiores.

«La arquitectura es una cristalización de los valores humanos.»
Octavio Paz, *«El otro México: Crítica de la Pirámide»*

Es evidente que la creación de Barragán personifica la esencia de las palabras de Octavio Paz. A pesar de que históricamente la arquitectura ha estado condicionada por los avances tecnológicos, los movimientos estilísticos y las fuerzas políticas y económicas, al fin y al cabo, la arquitectura es la interrogación, la expresión y, en última instancia, la materialización de nuestros sistemas de valores. Es un testigo de las valores humanos. La profunda conexión de la Casa Gilardi con la identidad mexicana, su juego con los contrastes arquitectónicos, su simplicidad en el diseño y su habilidad para promover la introspección y las experiencias emocionales convergen para crear un espacio poético transformador. En esta síntesis de ideas y estética, Barragán y Paz se entrelazan, proporcionándonos un entendimiento más profundo de la condición humana y la fuerza expresiva de la arquitectura. La Casa Gilardi nos invita a entrar, a embarcarnos en un viaje de autoconocimiento y a abrazar la relación intricada entre la arquitectura y nuestras propias emociones, aspiraciones y legado cultural.

La Casa Gilardi representa una profunda expresión de la identidad mexicana, tejiendo hábilmente los contrastes arquitectónicos, abrazando la simplicidad del diseño y promoviendo la introspección y las experiencias emocionales. Emerge como un espacio poético transformador, una convergencia de ideas y estéticas que entrelazan el genio de Barragán y la visión intuitiva de Paz. Juntos nos ofrecen un entendimiento profundo de las complejidades de la condición humana y la infinita fuerza expresiva de la arquitectura.

En la Casa Gilardi, Barragán y Paz nos ofrecen un reino donde la arquitectura se convierte en un conducto para la exploración de nuestros valores, emociones y legado cultural. Es una invitación a abrazar la relación profunda e intricada entre arquitectura y espíritu humano y celebrar el potencial transformador del entorno construido.

M.Arch, José Luis Alvarez Tinajero
Angelina 19
Álvaro Obregón
CP 01000
Mexico City

Gerard Loozekoot
UNStudio Amsterdam
Stadhouderskade 113
1073 AX Amsterdam
The Netherlands

Venice, 19 May 2023

UNS
UNSTUDIO
AMSTERDAM • DUBAI • FRANKFURT
HONG KONG • MELBOURNE • SHANGHAI

Intro

En un tiempo dominado por las redes sociales, la comunicación rápida y los mensajes de texto breves, escribir una carta puede parecer un hecho un tanto insólito. Pero este proceso de escritura de una carta personal no solo me permite compartir más profundamente la experiencia que tuve cuando visité la Casa Gilardi con José en abril de 2014 y las conversaciones que mantuvimos, sino también reflexionar sobre lo que podemos aprender de Barragán, y la Casa Gilardi en particular, a la luz de los retos a los que debemos hacer frente los arquitectos hoy en día.

Estimado José,

Gracias por invitarme a formar parte de este libro de recuerdos, especialmente porque eres consciente del papel que ha desempeñado Barragán en mi trabajo personal como arquitecto, pero también, como amigo, sé la cantidad de trabajo que significa ahondar en un proyecto como este. Me alegra saber que has decidido dedicar tu tiempo a investigar y analizar los antecedentes y el contexto detrás de este proyecto y, al hacerlo, pones a la luz material que ha estado oculto durante mucho tiempo.

Acabo de volver de la Bienal de Venecia, en la que la comisaria Lesley Lokko ha creado una experiencia abrumadora, que aporta reflexiones significativas sobre temas que son esenciales para los retos que la arquitectura debe afrontar en 2023. Medioambientales, sociales, políticos, de injusticia social, descolonización, descarbonización, gestión del agua, energía, economía: son temas candentes y retos que nosotros, como seres humanos debemos hacer frente actualmente. Pero ¿dónde podemos encontrar las respuestas? ¿O es que nosotros, los arquitectos, vamos a quedarnos quietos, sin hacer nada y esperar? Porque hagamos lo que hagamos, nunca será suficiente. Con mi pareja Gieneke, estábamos sentados en una terraza en Venecia, preguntándonos cómo sería en la época de Barragán, así que compartí con ella las fantásticas conversaciones que tú y yo mantuvimos.

A pesar de que los tiempos han cambiado, Barragán adoptó una postura a contraria a su época, al funcionalismo y a las conclusiones salidas de los congresos del CIAM, porque creía que, más que una máquina de habitar, una casa debería ser una arquitectura de la emoción. Barragán utilizaba materias primas, y las combinaba con un dramático uso de la luz y el color. Como respuesta a las incertidumbres de su tiempo, creó atmósferas sutiles y líricas, como poesía. Nuestras conversaciones fluyeron en la misma dirección: ¿podemos enfrentarnos a los retos actuales con arte y poesía? ¿Podemos, con nuestro trabajo, mostrar la esperanza y el optimismo por los que nosotros, como arquitectos, se nos conoce? Pero también, ¿podemos volver a la época antes de que el hormigón y el acero se convirtieran en materiales constructivos dominantes?

Stadhouderskade 113
PO Box 75381
1070 AJ Amsterdam

T +31 (0)20 570 20 40
F +31 (0)20 570 20 41
info@unstudio.com

ING Bank Amsterdam
Account 67.15.29.501
IBAN NL79INGB0671529501

ABN AMRO Bank Amsterdam
Account 41.20.70.510
IBAN NL98ABNA0412070510

BTW (VAT) Number
NL801815551B01
Chamber of Commerce

En los noventa yo estudiaba en Delft, en los Países Bajos. Nuestro sistema educativo se basaba en la escuela de Delft, en línea con la modernidad. Todo había que explicarse. Según el pensamiento de aquella época, la línea y el plano eran fundamentales y el color «no se trabajaba» si no era funcional. Así es como conocí la obra de Barragán quien, en cambio, no tenía miedo de usar el color. Su creencia en la fuerza de la conexión emocional finalmente me dio la esperanza de que existían nuevas formas para explorar. Siempre he percibido los colores conectados con los números y los nombres, y pensaba que todo el mundo sentía lo mismo. No fue hasta la universidad cuando me di cuenta de que no era el caso. Así que, como puedes imaginarte, la formación moderna que recibí tenía para mí un cierto punto hostil.

Cuando más tarde empecé a trabajar con Ben van Berkel y el equipo en UNStudio, inmediatamente entendí que su visión de la arquitectura era totalmente diferente porque no había sido educado en Delft. La investigación que llevamos a cabo y los modelos organizativos que desarrollamos en UNStudio estaban ahí para apoyar construcciones de interacción públicas. Nuestra intención era dar vida a los edificios y celebrar la estética y la poesía. El ordenador era, y todavía es, la herramienta principal que utilizamos para probar y desarrollar nuestra arquitectura. Pero también usamos la computación para llevar a cabo investigación. En el ámbito del color, hemos colaborado con fabricantes de pintura, coleccionado cartas de colores de todo el mundo e investigado los colores desde su uso en cosmética a cómo se ven en el espectro de luz. Para serte sincero, nos lo pasamos muy bien realizando este tipo de estudios.

Los primeros diez años de UNStudio fueron conocidos como el «período azul». Ben y su equipo usaron azul en un gran número de sus primeros proyectos. Y la razón está en que los azules pueden cambiar de color, de modo que a lo largo del día y las estaciones, los edificios sufrían sutiles cambios en su apariencia, dando la impresión de que estaban vivos y reflejaban una transición dinámica constante y gradual. Me he dado cuenta de que los cambios del color en el espacio público pueden ser a veces tan dramáticos que parece como si estuvieras en otro espacio.

En mis primeros diez años en UNStudio trabajé con Ben y su equipo en proyectos como un laboratorio en Groninga (verde), dos torres en Arnhem (verde y azul), un teatro en Lelystad (naranja), la A2 en Den Bosch (amarillo/verde), un complejo residencial en Suwon (amarillo/verde/azul), la sede de Astellas (púrpura/verde), un pabellón en Qingdao (amarillo/rojo), la fachada de una torre en Daegu (naranja/amarillo/verde y azul) y una docena más de proyectos en los que pudimos usar el color como un motor social y un conector cultural. Y en cada proyecto nos preguntaban: ¿por qué queréis usar este color? Estas preguntas nos las hacían tanto políticos como expertos inmobiliarios, pero sobre todo arquitectos. Siempre hemos tenido la sensación de que usar color asusta mucho.

UNS
UNSTUDIO
AMSTERDAM • DUBAI • FRANKFURT
HONG KONG • MELBOURNE • SHANGHAI

Y en 2014 me invitaste a México a dar una conferencia. Mientras la estaba preparando, hablamos durante horas sobre el color y su significado para la arquitectura. Inmediatamente nos dimos cuenta de que teníamos que visitar los proyectos de Barragán. Nunca antes había ido a México y tenía curiosidad por ver la obra de Barragán en persona. Y en ti encontré el guía perfecto. Ciertamente no me decepcionaste. Fue un viaje excepcional de días largos y muchas conversaciones. Y se hizo evidente que el tema de la conferencia debía ser el uso del color. Pudimos aprovechar la ocasión para hablar con estudiantes y arquitectos mexicanos sobre la fuerza del color y fue una gran experiencia.

En la conferencia también compartí una de las famosas citas de Le Corbusier: «Qué de sedas llameantes, qué de mármoles ostentosos y destellantes, qué de opulentos bronces y oros. [...] Acabemos con esto. [...] Es hora de armar una cruzada de lechada» Le Corbusier, 1925, EL arte decorativo de hoy

La razón principal por la que añadimos esta cita en la presentación fue porque mostraba la diferencia entre el enfoque funcional y el poético, y porque Barragán conoció a Le Corbusier durante su viaje de estudios a Francia. Es un momento en el tiempo en que se expresaban claramente las diferencias entre ciertas respuestas a ciertas preguntas. Pero también mostraba que como arquitecto tienes una elección: máquina vs emoción. Todavía me sorprende ver cómo, desde una perspectiva funcional, todo se reduce de nuevo a la economía, mientras que desde una perspectiva financiera o ingeniera se reduce a la funcionalidad.

Preparar la conferencia ya fue toda una gran experiencia. Y luego tuve la oportunidad única de trabajar en algunos proyectos en diferentes continentes. Y pude experimentar con el uso del color. Compartir esto contigo y con el público ya era una prueba suficiente de ello. Sí, debemos afrontar las cuestiones medioambientales, políticas, sociales y geopolíticas. Y tenemos nuestros principios. Pero también nos hemos formado como arquitectos de modo que, a través de nuestro trabajo, podemos mostrar diferentes maneras de avanzar.

La última imagen que mostré en la presentación versaba sobre el crecimiento de la población mundial de 4 mil millones en 1970 (año en que nací) a 7 mil millones en 2014. Ahora, en 2023, la población mundial ha alcanzado los 8 mil millones y continúa creciendo. Esto por supuesto está fuera de control. Pero cuando llegó la Covid-19 en 2019 nos dimos cuenta de que todo es relativo. Y en 2019 tratamos de organizar una conferencia en México y visitar algunos proyectos. Todavía puedo ver la decepción en tus ojos porque no supe cómo conseguir que el seguro nos permitiera viajar al extranjero. El mundo entero de golpe se tiñó de naranja, mientras que solo nos permitían viajar en un mundo verde y amarillo. Pero este fue un toque de atención, porque debemos cambiar y el tiempo apremia. Simplemente necesitamos encontrar diferentes maneras de construir edificios y ciudades.

Stadhouderskade 113
PO Box 75381
1070 AJ Amsterdam

T +31 (0)20 570 20 40
F +31 (0)20 570 20 41
info@unstudio.com

ING Bank Amsterdam
Account 67.15.29.501
IBAN NL79INGB0671529501

ABN AMRO Bank Amsterdam
Account 41.20.70.510
IBAN NL98ABNA0412070510

BTW (VAT) Number
NL801815551B01
Chamber of Commerce

Y a pesar de que no tenemos todavía todas las respuestas y todavía dependemos de la política, los sistemas económicos y otros temas que son todavía más amplios, nos damos cuenta de que sin un cambio inmediato, destruiremos todo lo que tenemos.

Supongo que esto es lo que más me ha intrigado sobre la Bienal de Venecia de este año. Muestra un tipo de activismo por el cambio y se manifiesta ante la industria. Pero también busca soluciones. Busca esperanza. Y creo que los dos sabemos que estudiar a Barragán traerá una brizna de esperanza a las generaciones futuras.

Hay tres cosas que recuerdo de la Casa Gilardi y que me gustaría compartir contigo. No estoy seguro de si sientes lo mismo o si opinas de forma diferente, pero como amigo y arquitecto, estoy seguro de que apreciarás que comparta mi perspectiva. Quizás no hacía falta que escribiera una carta tan larga para hacerlo pero, como dije antes, a veces una carta más larga también permite un intercambio más personal.

La primera cosa es el recorrido a través de la casa que termina en la mesa de comedor. En mi casa flotante en Ámsterdam, la mesa del comedor es también el sitio donde discurren todas las conversaciones. Es donde nos encontramos con nuestros amigos y compartimos nuestras historias. Cuando tú y yo paseamos por el espacio donde está la mesa de comedor, con el muro azul atrás y el muro rojo delante, pudimos imaginarnos sentados en la mesa compartiendo historias sobre nuestras vidas. Funcionalmente, no tiene mucho sentido, pero como en todas las historias de aventuras, es la atmósfera la que le da vida, la que crea profundidad y te inspira a compartir más. Fomenta la imaginación y la reflexión. El espacio mismo hace que disfrutes estando ahí. Hace que quieras volver, porque ayuda a crear recuerdos positivos y buenos.

Cuando recorríamos la casa, también hablamos de las clases de Ben van Berkel en la Staedelschule de Fráncfort. Ben pregunta a sus estudiantes por qué la gente prefiere vivir en una casa de vacaciones; ¿por qué es mejor que su propia casa? Esta es una cuestión que nos ha tenido ocupados en la oficina durante años y me lleva a mi segundo punto, porque la Casa Gilardi se siente como una casa de vacaciones. El enfoque poético de Barragán lo hizo posible. Hace que los propietarios amen a su casa y de una forma que se convierte en sostenible solo por esta razón. El alma de la casa es lo que la hecho destacar durante un siglo. Ningún modelo económico CAPEX sería capaz de calcular el valor y ningún banco aceptaría esto como base de una hipoteca. Pero es la realidad, es prueba irrefutable.

UNS
UNSTUDIO
AMSTERDAM • DUBAI • FRANKFURT
HONG KONG • MELBOURNE • SHANGHAI

El muro rosa/púrpura es parecido, de hecho, al color que usamos en la exposición Holiday Home en el ICA en Filadelfia en 2006, en el atrio del teatro Agora en Lelystad en 2007 y en la exposición Motion Matters en Cambridge en 2011. Cuando tú y yo estábamos en el jardín, hablamos del uso de este color. Es un color que cambia con la luz. Porque contiene un toque de azul, puede ir del rosa, cuando recibe mucha luz, al púrpura cuando no hay. Esto quiere decir que es muy diferente durante el día que al final de la tarde, dando la sensación casi de que estás en otro espacio. Nuestras mentes arquitectónicas incluso fueron más lejos, llegamos a pensar que quizás Barragán utilizó este color para aumentar psicológicamente el tamaño de la casa. Imagina que, gracias al cambio de color, tienes dos jardines diferentes. Así sientes que la casa es mayor. Creas una experiencia de más metros cuadrados simplemente gracias al uso del color.

José quiero agradecerte de nuevo que me hayas ofrecido la oportunidad de reflexionar sobre la Casa Gilardi y la obra de Barragán. Me ha traído buenos recuerdos de nuestras excursiones por Ciudad de México. Los domingos sin coches, cuando las calles están ocupadas por personas (es posible), los huertos de los barrios (huertos urbanos) y las casas de Barragán que han resistido durante más de un siglo y que la gente cuida como un tesoro (sostenibilidad). Creo firmemente que tu libro puede ayudar a contribuir a una visión futura permitiéndonos aprender del pasado.

Mencionaste que el libro se va a presentar en Venecia. La carta que estás leyendo fue escrita en Venecia. Y creo que tu estudio sobre la Casa Gilardi será una excelente contribución de México al tema de la actual Bienal.

Espero verte pronto.

Un fuerte abrazo

Gerard

Stadhouderskade 113
PO Box 75381
1070 AJ Amsterdam

T +31 (0)20 570 20 40
F +31 (0)20 570 20 41
info@unstudio.com

ING Bank Amsterdam
Account 67.15.29.501
IBAN NL79INGB0671529501

ABN AMRO Bank Amsterdam
Account 41.20.70.510
IBAN NL98ABNA0412070510

BTW (VAT) Number
NL801815551B01
Chamber of Commerce

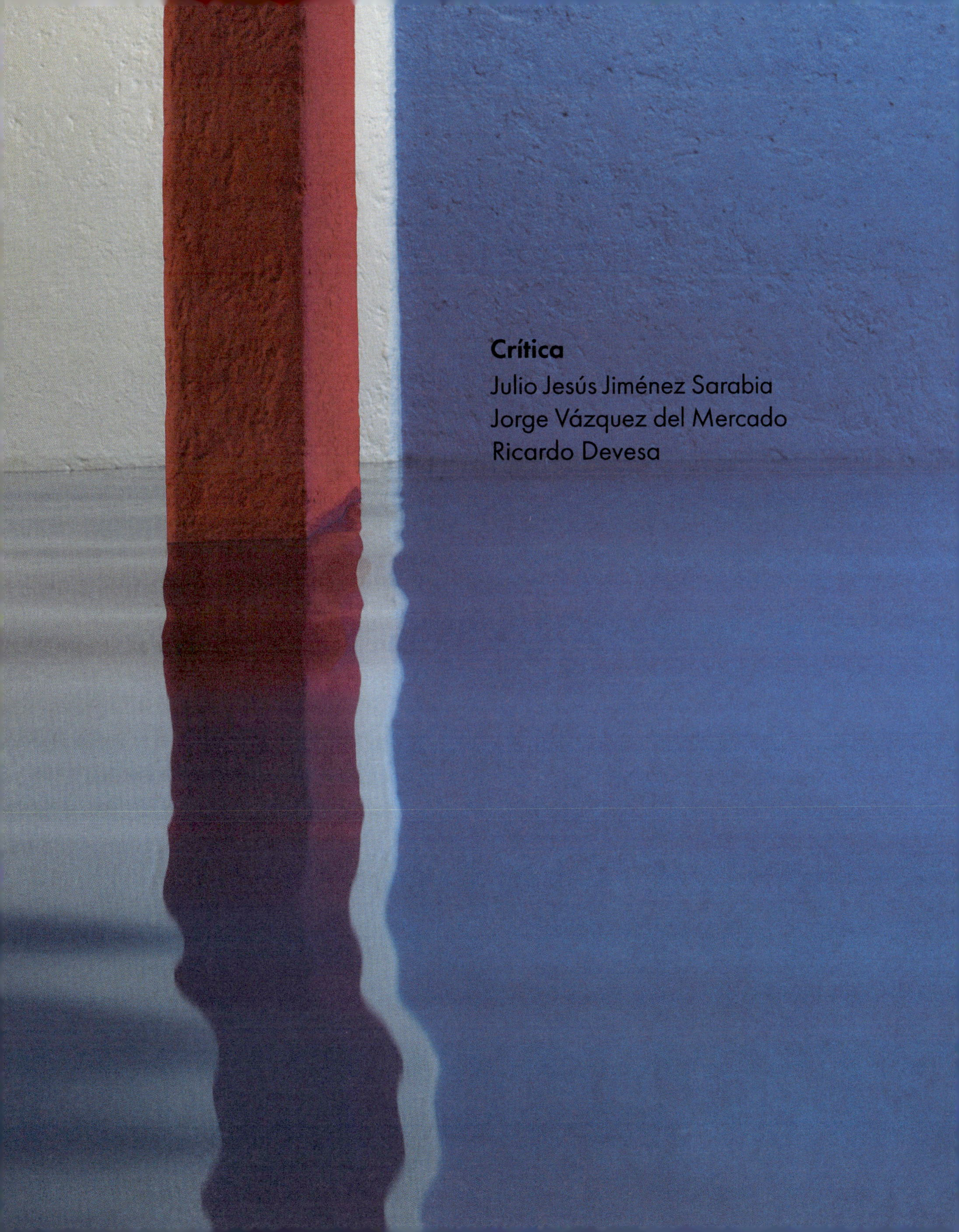

Crítica

Julio Jesús Jiménez Sarabia
Jorge Vázquez del Mercado
Ricardo Devesa

Miradas del tiempo desde el espacio arquitectónico: Siete lecciones de Luis Barragán para la arquitectura por venir

Dr. Julio Jesús Jiménez Sarabia

Nos proponemos señalar siete miradas que atraviesan la poética del lenguaje arquitectónico barraganiano en su búsqueda por el espacio arquitectónico. Ponemos sobre la mesa siete recorridos que en su entrecruzamiento desembocan en la obra maestra de la casa Giraldi, los cuales, como punto de partida y puerto de ideas para una nueva reflexión, pretenden actualizar el debate sobre el continuo redescubrimiento de uno de los más grandes arquitectos de nuestro tiempo.

La mirada pictórica: convertir el color en luz

Nuestra primera mirada se detiene en la unidad que el pensar barraganiano toma con respecto al acto de ver. Su reflexión sobre el espacio vivido lo conduce a repensar su estrategia proyectual desde los ojos que el arte pictórico dona en los sentidos. Más que pensar como comúnmente haría un arquitecto formado en el fenómeno de la composición, Barragán se apropia de las artes pictóricas para dinamizar y relocalizar el pensamiento arquitectónico de la espacialidad moderna; es decir, de un origen cubista que agotó sólo la reflexión meramente retiniana del espacio-tiempo einsteniano. Para lograr tal empresa, nuestro arquitecto traslada la especifica fenomenología pictórica para conseguir, como ella solo sabe hacer, captar *el presente dentro del instante temporal* con una sensación colorística, liberando así nuestro cuerpo físico del hecho arquitectónico y, por supuesto, del ojo como uno de nuestros órganos fijos. Los espacios barraganianos revelan en su temporalidad construida estas estrategias. Como bien advierte el filósofo francés Gilles Deleuze, la pintura da a ver *la presencia*; es decir, alza ante nosotros la realidad de un cuerpo a través de líneas y colores, para liberarnos de la mirada objetiva de nuestro acto de ver, en tanto que mediante líneas y colores delinea una realidad construida para ser descubierta, como no podría revelarse en mundo físico.

Sabemos que el amplio conocimiento de Barragán de la historia de la pintura, como evidencia la curaduría de su biblioteca, le obligó a recorrer los caminos del cubismo, del realismo metafísico, del muralismo, del surrealismo y de nuestra herencia histórica profunda sobre el color. De modo que, de Picasso a Giorgio de Chirico, de José Clemente Orozco a Salvador Dalí y desde ahí a Chucho Reyes o David Hockey, respectivamente; Barragán experimenta desde sus aportaciones nuevos horizontes que le permiten presentar propuestas inéditas dentro de la mirada del fenómeno arquitectónico. Para Barragán, se trata de convertir el color en luz; en otras palabras, de pintar el espacio arquitectónico con nuevas sensaciones y de crear nuevas percepciones sobre dorados, rosados, azules y verdes, en donde el blanco no es sólo blanco, sino que, en tanto que adquiere una nueva afección colorística, traslada en sus efectos producidos una espacialidad construida. En ese sentido, la casa Giraldi puede entenderse como una suma colorista; de hecho, es un gran experimento pictórico, en el cual nuestro arquitecto mexicano, a través de la pintura al óleo amarillo en el cristal, a la manera pórtica de Chucho Reyes, modula y amplifica una dilatación espacial que se conquistó en los espacios sagrados del arte virreinal y que adquiere aquí una actualidad radical. Barragán, además, es un lector del pasado arquitectónico, un viajero que busca en el islam, en la Edad Media o en Marruecos experiencias culturales que conforman la cultura de Iberoamérica.

Como creador de lo nuevo dentro de la tradición, sus impulsos lo llevan a investigar cómo incluso el agua puede resistirse a la luz en su densidad matérica y cómo ese efecto puede trasladarse a un espacio arquitectónico. En la casa que nos ocupa, la refracción en el techo de la luz cenital del día o en la luz artificial de la noche desde abajo de la alberca cambian nuestra percepción habitual del peso material de la tectónica de los muros, convirtiendo el espacio-caja en luz, ecuación einsteniana que consigue transcribir el ambiente espacial construido en una atmosfera envolvente.

La mirada al pasado: rememorar la herencia espacial

Con la casa Giraldi, nuestro arquitecto mexicano consigue resumir aportaciones de distintas épocas dentro del arco de la historia de la arquitectura: así se ponen en juego los espacios virreinal, moderno, y prehispánico. Barragán logra en esta obra maestra de la cultura mexicana tanto explorar como articular, y el ensamblaje de tres vivencias sensoriales de nuestra tradición más remota. Su profunda lectura del lenguaje arquitectónico revisita tres momentos de nuestra tradición, que serán ensamblados de una manera inédita; tres horizontes lingüísticos de nuestro pasado arquitectónico, pero que juntos adquieren un nuevo sentido en su poética. El primero de ellos es sin duda el espacio virreinal, el cual adquiere una nueva forma bajo el filtro de acceso de la casa y nos conduce a la alberca, sólo a condición de revivir la experiencia del ritmo itinerante de las columnas presentes en las arcadas de los claustros, pero ahora desde una nueva geometría capaz de convertir el amarillo radiante de las iglesias barrocas, en nuevos afectos. Este acceso de entrada al comedor-alberca en realidad no es un lugar, sino un acto de relación que, a través de la fenomenización de la luz, despliega una reinterpretación de la arquitectura de los siglos XVII y XVIII, pero trasladada ahora a una nueva densidad lumínica contemporánea que pinta el espacio arquitectónico de manera inusual, como lo haría un pintor del barroco.

En cambio, al final del corredor, cuando abrimos la puerta, nos trasportamos a la espacialidad moderna que, a diferencia de la lectura anterior, sintetiza el neoplasticismo holandés y el expresionismo alemán del siglo XX, pero sólo a reserva de proponer una poética del agua que sea capaz de mostrar en su forma la levedad el instante presente. Definitivamente, el espacio aquí instalado es moderno, en tanto que está delimitado en una concepción de la caja, como decíamos anteriormente, sin muros ni paredes, sino tan sólo delimitado en su membrana lumínica y autocontenido gracias a la columna roja que cierra sus límites, como justamente lo haría un pintor abstracto. Nuestro arquitecto pintor introduce en la composición la luz y el agua dentro del espacio de tal manera que parecen detener el tiempo y mostrar su presencia, capturando el exterior dentro del interior en una milésima de segundo. La precisión del haz de luz casi egipcio que introduce dentro de la alberca durante el paso del sol en el día, y que tiene como soporte de fondo el azul del paisaje, *artificializa* lo natural del cielo azul y *naturaliza* lo artificial del espacio interno construido, abriendo una línea de fuga como esencia del afuera en el interior de la casa.

La poética barraganiana incorpora elementos de la tierra: agua, luz y paisaje, tanto natural como construido, para denunciar la lógica imperante de la especulación arquitectónica inmobiliaria que persigue espacios cerrados y que es una mala práctica en nuestras ciudades, ya que nos orilla a construir el habitar actual en cajas cerradas entre medianeras, prácticamente sin jardín y con una cerrazón asfixiante, como fue visible en el pasado confinamiento por la pandemia del COVID-19.

Barragán adquiere aquí una actualidad asombrosa, ya que, con su legado, abre nuevas posibilidades para los arquitectos del futuro que quieran revalorar la potencialidad del agua, la luz y el paisaje de una nueva forma que persiga desestabilizar los espacios cerrados y confinados que nos heredó el movimiento moderno, y que la vivienda en manera masiva, industrial y mecanizada traicionó sus principios en los desvíos de la construcción.

Esto nos conduce finalmente a la tercera especie de espacio que Barragán rescata y que se nos muestra como la recuperación de la plaza de piedra prehispánica y de los conventos del siglo XVI en los espacios a cielo abierto. Aquí consigue hacer que nuevamente el México antiguo cobre cuerpo en la superficie pétrea de desplante que instala el árbol de jacaranda que le dio sentido al proyecto y que adquiere todo valor protagónico, haciendo visible el paso del tiempo en su metamorfosis incesante, como cuando en determinados ciclos naturales pinta de morado su superficie de desplante. Barragán rememora la estrategia proyectual que compartió con su amigo Louis Kahn años antes, en los Laboratorios de La Jolla, en San Francisco, California, aconsejando al maestro americano evocar una plaza de piedra para mirar al cielo.

En la casa Giraldi ya no quedan entonces residuos de la ciudad en su exterioridad artificial; sólo quedan relaciones de espacios íntimos, en los cuales la soledad, la magia y el misterio dan forma al paso del tiempo íntimo y personal, pero elevados a un nivel social compartido. Tejidas en un *continuum* interminable, estas tres etapas del lenguaje arquitectónico, estas tres especies de espacios en extinción, nos recuerdan tres momentos de la arquitectura en el México profundo que, casi como catálogo o inventario, convierten esta casa en una obra maestra.

La mirada al futuro: el poder de la imagen como herramienta proyectual

Para Barragán, la imagen funciona como un dispositivo: esto es, como una herramienta de diseño que, a través de la superposición de referencias visuales, detona nuevas posibilidades para el proceso proyectual.

Barragán reconstruye la manera de proyectar moderna implícita en arquitectos como Le Corbusier y Mies van der Rohe, en la cual la forma como composición lo es todo en el proceso creativo. Barragán converge la instrumentalización de la imagen como herramienta para delinear una imagen mental con la búsqueda pictórica de Francis Bacon, quien, en lugar de seguir el mismo camino del cubismo abierto por Picasso, en donde las formas de composición son meramente retina, explora otras posibilidades: en donde una fotografía, una película, un libro de ciencia o arte pueden detonar nuevas dinámicas para articular un pensamiento especulativo y configurar un diagrama para el proceso creativo.

Para Barragán, como para Bacon, la instrumentalización de los dispositivos visuales detona nuevas posibilidades para pensar el espacio: primero arquitectónico, después pictórico, en la época de la reproductibilidad técnica. Ambos artistas convergen en las estrategias adecuadas que permitan desestabilizar las imágenes mentales que construye nuestra realidad.

En este sentido, Barragán inaugura un nuevo camino que le permite abrirse paso a la cerrazón del callejón del inconsciente surrealista que explora, por ejemplo, Juan O´Gorman. Las arquitecturas de la modernidad que venían de una génesis pictórica, gracias a la herencia de artistas destacados como Picasso o Kandinsky, no agotan la exploración barraganiana. Nos atrevemos a decir que Barragán se apropia de la imagen desde otras lógicas, desde otras miradas pictóricas, desde incluso otras artes, no sólo plásticas, sino literarias, fotográficas, incluso para dinamizar y relocalizar la manera de construir el espacio en el quehacer arquitectónico de su momento histórico. Barragán se propone hacer que surjan imágenes inéditas y espacios distintos a los caminos abiertos por el movimiento moderno. Por eso, nosotros pensamos que Barragán es uno de los primeros arquitectos posmodernos, es decir, aquéllos que ya son capaces de pensar la imagen como mecanismo para proyectar.

Instalar una serie de recursos nuevos desde el paisaje, el caballo, el color y la naturaleza implica desestabilizar el ideal de la máquina. El automóvil, el avión o la máquina para habitar lecorbusiana serán sospechosas generatrices de las formas arquitectónicas modernas. En verdad, Barragán es más un pintor que un arquitecto; prueba de ello se evidencia en el caballete tridimensional que se encuentra en la casa estudio y se corporeiza en el facistol como mecanismo constructor de la imagen especulativa. Verdadero laboratorio de la imagen, en el cual, con sus distintas caras y su rotación, le permite al arquitecto tapatío repensar la cultura desde nuevas perspectivas. En este artefacto barroco que se usaba para poner la partitura de la música en las iglesias, Barragán cartografía la construcción de un mundo visual según nuestra contemporaneidad.

El facistol es en realidad una máquina hipertextual que le permite leer de manera crítica la construcción del discurso en la época de la máquina. También es importante analizar la relación que Barragán entabla con la lectura: los libros. Sabemos, gracias a las aportaciones de Alfonso Alfaro de su asidua lectura de Marcel Proust, que se lanza a la pesquisa de sus referentes literarios y nos reporta las inscripciones, que en sus libros muestran un lector del mundo en combate continuo, asumiendo una postura crítica y un camino propio.

Este *trote a caballo* entre el mundo pictórico y literario hace de Barragán un artista único. Su cultura amplia y vasta, y la experiencia de un mundo construido a través de sus viajes interiores y exteriores le permiten medirse continuamente con gigantes en distintos campos heterogéneos. Así, Heidegger, Proust o Pellicer forman parte de su horizonte de lectura. No sólo se trata de entrar en sintonía con estos autores, sino de un debate continuo, de un derrocamiento, casi de un entrenamiento de gimnasia mental que lo preparan para confrontar continuamente el desmoronamiento del mundo moderno.

Entre la modernidad y la posmodernidad, Barragán es un constructor de imágenes, que tratan de asir o hilvanar el terremoto que el filósofo alemán Walter Benjamin presagiaba con su reflexión sobre reproductibilidad técnica. Rescatar a Barragán desde nuestra contemporaneidad, desde la saturación de la imagen en la actual iconópolis, promete reedificar un nuevo modo de habitar, una arquitectura del porvenir, en la que la poética de la serenidad, la magia, la soledad son dispositivos que sirven para desinstalar y curar de manera terapéutica la problemática del hombre contemporáneo.

Deconstrucción de la mirada: Barragán y las vanguardias

Barragán es el mejor lector de las vanguardias arquitectónicas del siglo XX y que se desarrollan entre 1917 y 1927. Así, futurismo, cubismo, expresionismo, neoplasticismo y constructivismo abren todos los posibles horizontes de las estrategias proyectuales para los arquitectos modernos. De cada una de estas vanguardias, Barragán toma alguna estrategia proyectual que le permite sustentar la unidad de su pensamiento. Del futurismo, por ejemplo, se apropia de la visión espacial del movimiento, como cuando, en las torres de Satélite, las aristas que nos miran de frente tienen un movimiento escalonado, en donde las aristas de cada volumetría consiguen que el conjunto nos obligue fenomenológicamente hablando a tener un punto de vista estático. Pero si miramos con precaución, Barragán aquí también es cubista, purista o moderno, si se quiere, como cuando juega con los volúmenes en la luz a la manera lecorbusiana de herencia pictórica, pero sólo a costa de convertir cada torre en un color diferente. Barragán es el arquitecto que mejor sabe instalarse dentro de las vanguardias, haciendo suyas cada una de sus aportaciones.

Dentro de esta gran revisión de las vanguardias, también destacamos el aporte del constructivismo, en el momento en el que convierte en signo el conjunto de torres de Ciudad Satélite para delimitar una zona territorial, a la manera en que los arquitectos del constructivismo ruso lo hicieron en relación con el entorno de sus edificios colosales y monumentales. Pero es sin duda la revisión del neoplasticismo y del expresionismo que su propuesta poética adquiere más relevancia. Podríamos decir que Barragán es neoplasticista cuando lanza a distintas velocidades sus planimetrías para acelerar en nuestro desplazamiento motriz el espacio arquitectónico. Y también es expresionista en el momento en el que se apropia de la pesadez de la materia, convirtiendo ahora los planos en volúmenes tridimensionales. Y aquí su poética adquiere mayor relevancia, polarizando estas dos estrategias en un mismo evento arquitectónico, como cuando nos hace pasar de las dos a las tres dimensiones en un solo trasvase.

Si bien es Mathías Göeritz, en la construcción del museo del eco, el primero en instalar nuevas estrategias entre el arte y la arquitectura, consiguiendo que el espacio gire en torno a la escultura de la serpiente, es hasta que Barragán construye la casa Giraldi que el volumen espacial se convierte en luz, en el momento en el que el agua como cuerpo fenomenológico es trasformado de manera ingrávida. Barragán no es solamente un escultor o un arquitecto de formas, sino un fenomenólogo de la percepción que construye la materia en luz; él logra introducir la naturaleza y sujetarla a través de una composición artificial, para ponerla bajo el dominio de lo artificial y lo construido por el hombre y, al mismo tiempo, juega en la libertad de sus jardines culturizando la naturaleza. Concretamente en la casa Giraldi, la jacaranda que domina el patio de tierra gana una ventana al cielo y nos recuerda aquella conversación que entabló con Louis Kahn en los laboratorios de La Jolla. Sólo Barragán podría recomendar al maestro norteamericano una plaza de piedra; sólo un arquitecto mexicano podría actualizar la herencia de la arquitectura prehispánica.

La arquitectura barraganiana se adelanta a las investigaciones de artistas plásticos que construyen con el paisaje y la naturaleza. En este sentido, James Turell ha explorado también las relaciones entre el color y la luz, de manera tal que, invirtiendo la visión central en periférica y viceversa, logran dislocar nuestra percepción habitual de lo natural y lo construido. Y es que, si miramos a la luz de la actualidad la casa de Giraldi, podemos descubrir en ella cómo Barragán denuncia ya la pérdida de paisaje, de luz y de naturaleza en nuestras ciudades. Así, Barragán logra cerrar su búsqueda estética, instalando en los espacios cerrados de las típicas casas de las ciudades cosmopolitas el -afuera- en el adentro que cobra forma con cuerpos de agua, color y luz.

Mirar al presente: el tiempo como vivencia de la memoria

El concepto de tiempo que nuestro arquitecto mexicano acuña en su poética espacial proviene de la atenta lectura del literato francés Marcel Proust, quien a su vez retiene el concepto de tiempo como duración gracias a las lecciones de su maestro, el filósofo Henry Bergson, quien instituye la intuición como método. Si bien nuestro pensador considera este concepto como duración, son Barragán y Proust quienes consiguen corporeizar la memoria con formas arquitectónicas o literarias. Ambos parten de un tiempo arcaico, que como imagen mental emana una vivencia más profunda que la que delineaba el callejón sin salida del inconsciente freudiano. En el caso de Barragán, por ejemplo, el edificio en su incompletud evoca la ruina arquitectónica, ya sea esta prehispánica maya o nahua, conventual o poscortesiana, como las antiguas haciendas mexicanas de los ranchos de Mazamitla.

Lo que persiste siempre no es un plástico de formas, sino la vivencia de las mismas como imagen mental que persiste como indestructible y atemporal, porque tiene de suyo una historia más originaria, vale decir arquetípica. En la poética de nuestro tapatío hay un pasado arquitectónico producto de un tiempo mítico, anterior al tiempo conocido; ciertamente, no es un artista plástico que siga el camino andando por Le Corbusier, ya que a nuestro alquimista no le interesan las formas físicas y su juego en la luz como al maestro suizo-francés, que parte del supuesto del dispositivo cubista de Picasso, sino de aquellas imágenes arquetípicas que habitan en nuestra memoria, en tanto que las hemos vivido en la experiencia estética. En ese sentido, la torre, el espejo de agua, el muro que se convierte en acueducto flotante o la naturaleza que disloca se nos muestran, no en su continuidad lineal como cronología, sino como acontecimiento kairológico, como experiencia apropiadora.

En Barragán existe una lucha entre Cronos y Kairos. Nuestro psicólogo experimental de la percepción, sabe que somos tiempo. Se trata en este sentido de hacer visible lo que captamos como realidad; es decir, de atrapar a través de nuestra configuración sensible el mundo construido, de retrotraerlo si se prefiere; por supuesto, no de nuestro inconsciente, sino de nuestro ojo nómada instalado en nuestra piel. Así, nuestro arquitecto de la percepción despliega la sombra de la cruz en el altar en el convento de las capuchinas, desplazando su vaivén en el muro que remata el retablo dorado, o bien implementando una estrategia opuesta; como cuando convierte en fenómeno óptico y corpóreo, y ya no táctil y sensible, los límites del agua en la columna roja vertical y anfibia de la casa Giraldi, evocando de manera espacial la experiencia inmersiva del neoplasticismo holandés a través de la luz, de manera tal que el espacio cede su paso a la quietud y densidad del cuerpo de agua.

Para nuestro poeta, las esferas espejo colocadas en las esquinas resumen el espacio vacío como un circuito que gira sobre sí mismo. Estas estrategias compositivas son evidencia de que para nuestro pintor del espacio no importa la imagen plástica, sino la imagen mental vivenciada y construida de manera fáctica, que es incluso más verdadera que la perceptual, ya que corporeiza la memoria en su recuerdo arquitectónico de modo que el tiempo quede atrapado en el instante acontecial. Barragán se vuelve el mejor traductor de Marcel Proust en el ámbito arquitectónico: sus formas míticas y legendarias toman como punto de inflexión el tiempo presente ya experimentado y, por supuesto, la memoria de este momento que se proyecta en la imagen por venir del futuro que intenta asir nuestra imagen mental un esbozo de la realidad construida.

Mirarse desde el cuerpo de agua

Es necesario inventariar un catálogo de las formas en las que el agua toma cuerpo en Barragán. Un rápido recorrido nos muestra que, para el arquitecto mexicano, el agua se vive: turbulenta y laminar, continua o quieta, pesada o ingrávida, opaca o transparente. Resalta en ese sentido la propuesta no construida del espejo de agua que tendrían las torres de satélite como lugar de asimetría y disonancia.

En la alberca de la casa Giraldi, si lo vemos con precaución, lo que importa ya no es el espacio dentro del fenómeno arquitectónico, sino el tiempo construido como instante, como acontecimiento presente de nuestro estar-en-el-mundo. El rayo de luz que corta el agua ya no es el juego sabio de volúmenes, sino la destrucción del espacio-caja, convirtiendo la masa en energía, vale decir, una percepción fenomenal que transforma la materia en velocidad. Aquí las esquinas son heridas por la profundidad del color; el rayo de luz da cuerpo a la fecundidad ilimitada de cada presente, de cada instante. Precisamente no hay aquí una idea de tiempo como sucesión de horas, porque cada evento es singular e irrepetible. Día tras día, la casa cambia continuamente según la hora, al paso del año y al estado emocional del habitante. Nunca es la misma. Ciertamente, la casa Giraldi ya no es la máquina para habitar lecorbusiana, ni la maquina estandarizada de Mies Van Der Rohe, ni la fábrica homologada de Walter Gropius, sino un cuerpo temporal que hace suyo cada instante. La vivencia del habitante en su morada.

En la esquina de este espacio líquido, nuestro artista abre una dimensión ingrávida de promesas temporales. Una apertura que ya no podrá cerrarse porque oscila en dos polos que acompañan el al-darse del fenómeno. El primero de ellos es la dimensionalización de la luz y el segundo es convertir el cuerpo del agua en luz, y ya no bajo la luz. Esta coexistencia de partes asimétricas nos da una imagen instantánea de esa identidad temporal que nos es revelado por signos artísticos. En otras palabras, Barragán nos da: un árbol por toda la flora, un muro por toda la arquitectura y un caballo por toda la fauna. Constructor de imágenes arquetípicas, la grandeza de nuestro genio es tiempo como espacio, horizonte como posibilidad. No series de cosas, sino el ser en sí de la cosa.

El flujo cambiante y múltiple del agua es, para Barragán, experiencia sensible, totalidad integrada, imagen mental. Y es que el agua, para nuestro autor de experiencias liquidas, funcionó como búsqueda, como hilo conductor de nuevas sensaciones, como pretexto para la creación de nuevas percepciones. Amalgama de la unidad de su pensar. Ya sea luz, naturaleza o cerramientos, el agua es destructora de firmitas. Su sistema de espacios construye una conciencia corporal. Así, la alberca no es sólo imagen decorativa; es un estar sumergido y, en cierto sentido, es un objeto parcial, un órgano sin cuerpo que guarda el campo práctico que se poseía antes de la mutilación. Barragán mutila las ruinas y los conventos de las haciendas porque no parte de la distancia como razonamiento geométrico, sino de una experiencia perceptiva del espacio que ha tenido una vida y un espacio previo en acontecer de la historia arquitectónica retórica de vencedores y vencidos.

La unidad del pensamiento barraganiano radica en su lenguaje espacial, en su revisión filológica que supo instalarse entre el arte prehispánico, el movimiento moderno entre la arquitectura virreinal y geoestética, entre el neoplasticismo y el expresionismo. Logra desinstalar los dispositivos de la era de la máquina en el actuar proyectual, piensa el espacio en español, es decir, con un vocabulario tal que puede narrar entre lo imaginario, lo simbólico y lo real; entre la imagen mental y la imagen real.

En la casa que diseña para el cineasta Francis Ford Coppola, va a confrontar la esfera y el plano. Si la esfera es plateada, es para proponer una lectura tridimensional que funda el paisaje a las diferentes horas. Barragán está en contra de una representación del espacio geométrico, como propuso Descartes. Sus croquis y su imagen especulativa nos muestran que sabe significar lo que es estar arriba, adelante, cerca, abajo.

Deconstruir el tiempo desde el espacio: cruce de miradas

La deformación del espacio en esta arquitectura es colorística y convierte la proximidad en la mera sensación, porque el color deposita en cada instante una atmosfera que rodea la imagen de un pasado, cuya rememoración de vivencias temporales establece una nueva conciencia del presente como instante, como duración que toma cuerpo en la luz.
Esta lógica del color en el espacio es nueva gramática arquitectónica, en la cual la percepción se ralentiza, parece congelarse, detenerse.

Barragán densifica lo intangible, deconstruyendo el espacio desde el tiempo. Para nuestro arquitecto, el espacio es real sólo en la medida en la que ha sido vivido y recordado. Vale decir que como Marcel Proust intuye como imagen mental en nuestra memoria, anidado ya ahí como sensación colorante. Es en el color que convergen los vectores espaciales de nuestro arquitecto, de modo que ellos puedan corporeizar determinados comportamientos en nuestra direccionalidad. El color azul del paisaje, tal como aparece en el atardecer en un horizonte, por ejemplo, es estudiado por nuestro artista del espacio de manera tal que en su representación espacial acaba por convertirse en un color liso e uniforme, por lo que puede ser controlado desde una representación diagramática especifica, anulando la profundidad del espacio, tal como aparece en el proyecto del farro para Monterrey o la casa para el cineasta Francis Ford Coppola en el Valle de Napa, California, en donde Barragán, en sus láminas de dibujo para la presentación del proyecto, nivela lo artificial y lo natural en un mismo plano a través del color.

Vamos a recapitular: la búsqueda proyectual de esta estrategia empieza cuando Barragán estudia la gran maqueta de las torres de Satélite, ya que precisamente ahí el tapatío toma como escenario de remate del paisaje un color azul liso y uniforme, que da estructura, figura y contorno al evento espacial. Las fotografías de estudio de este gran artefacto parecen más las exploraciones de un estudio de cine para efectos especiales que un despacho de arquitectura, porque el tamaño de las maquetas y las volumetrías de estudio entran en juego para construir una buena imagen que toma como fondo el azul del paisaje, un contraste con las formas compuestas de las torres. Una especie de tiempo congelado en el azul del cielo da testimonio del devenir del paso del tiempo en los atardeceres. En otras palabras, el azul le sirve a Barragán en tanto que emula paisaje o rompe la caja, como remate de una composición espacial. En ese sentido, es necesaria una nueva lectura de este aprendizaje que se concreta con el muro azul de la casa Giraldi, porque ahí la visión periférica de la naturaleza en un espacio interior crea un ambiente construido.

Una especie de encuadre, a la manera de Josef Albers pero tridimensional, constituye los lugares en el espacio de Barragán. Que el amarillo del sol, el azul del paisaje, el morado de una jacaranda, lo transparente del agua, ahora verde, ahora azul, conformen la paleta atmosférica de los espacios del mexicano ganador del Pritzker.

Las combinatorias de la naturaleza en la luz configuran su propuesta. Este encuadre de formas le permite un campo operatorio para atrapar el paso del tiempo. La paradoja radica en que sin esta estrategia pasamos del largo el evento perceptual. Así, Barragán nos da una radiografía, una foto instantánea de la realidad. En este encuadre opera la deconstrucción del espacio como sensación colorista, siempre contenida en sistema de muros, líneas y planchas que se mueven en nuestro desplazamiento motriz en diferentes velocidades.

Barragán libera la arquitectura de lo figurativo como construcción de la realidad y opera mejor donando una imagen mental descentrándola desde un afuera, y por este medio consigue encarnar su carácter temporal, consiguiendo así instalar un interior en el exterior. Es él quién logra captar el tiempo de dos formas: la fuerza del tiempo eterno de la ruina para mostrar el paso cambiante del mismo por una sensación colorística. Y el monocromatismo de las estructuras lisas, que se contraponen a una variación temporal en el rebote de la luz que dura milésimas de segundo.

El color liso aparece siempre en sus imágenes especulativas; funciona como fondo y la figura arquitectónica de manera inversa como forma. La coexistencia de estas dos estrategias cierra sin duda el espacio. No hay ninguna relación de profundidad. Ninguna incertidumbre de luces y sombras. Los colores lisos son primeros planos, es decir fondos. La forma es el límite común a ambas, es su contorno. Sus dibujos nos hablan de una experiencia del paisaje *cronocromática*, siempre cambiante, que incluye el paso del tiempo.

El espacio natural en casa de Francis Ford Coppola puede entenderse como un lienzo. El tiempo no estaría ya en el cromatismo de la forma arquitectónica. Los planos-columna, descompuestos ahora en planchas a significantes, están despojados de un diálogo entre formas. En ese sentido, rompen con lo narrativo del volumen desde la esfera. El paisaje como color liso, uniforme e inmóvil. En otras palabras, el color en Barragán tiene una función estructurante y espacializante detrás de la arquitectura. Son su fondo, su estructura inmaterial, que tiene la función de congelar el instante en el tiempo. De haberse construido la casa para Francis Coppola, habría un acoplamiento entre el paisaje y la arquitectura que confronta y reúne el atardecer en diversos niveles de sensaciones al despuntar el alba y al ocaso del sol, que cobraría una gran variedad de instantes atrapados la esfera refractante del observatorio astronómico.

En sus últimos proyectos, Barragán desorganiza las fuerzas de la naturaleza a través de muros que se convierten en un campo de batalla. Desorganiza el espacio renacentista instaurado por Brunelleschi, pero invirtiendo el experimento del espejo del italiano que vio nacer la perspectiva, ahora con una jacaranda, nuevo espejo esférico y existencial, vale decir, panorámico. Esta visión giroscópica habita como paladín de la modernidad en la casa Giraldi y ve desde a las puertas del Bautisterio en Florencia, mirando silenciosamente el tiempo futuro del ángel de la historia. Ciertamente, nos pone *ojos en la piel*, como sustenta Pallasmaa, en tanto que implica también deshacer el cuerpo en el color, en el movimiento de los ejes que siempre son asimétricos y que dislocan la experiencia temporal del cuerpo.

Le debemos a Barragán, porque con su poética consigue darnos un cuerpo que sólo dura lo que el paso de la luz, un instante. Este órgano transitorio revitalizado ya como sensación, muy lejano también a la precepción cartesiana del modulor lecorbusiano deviene óptico y táctil, en otras palabras, se convierte en jacaranda, porque se tocan superficies con la mirada. Abrimos un nuevo horizonte de lectura de nuestro arquitecto tapatío en consonancia con Alberto Ruy Sánchez, quien verifica y confirma al respecto del devenir árbol con su poesía:

El tiempo de los espejos,
llega y así se establece:
el piso en flor, como el cielo,
y el ánimo que se eleva
al caer las jacarandas.
El espejo no refleja,
es idéntico y opaco:
florece el cielo en el suelo
y algo en nosotros emerge:
una otredad escondida,
un secreto, un anhelo,
la extrañeza de querernos
a la distancia o muy cerca,
de serntir en un espejo
de flores multiplicadas
nos encontramos sin falta,
nos damos cita y florece
una vez más el deseo.

Con perspectiva desde la Casa Gilardi: Servir para el disfrute

Jorge Vázquez del Mercado

Sobre las primeras impresiones

Recuerdo cuando organizamos un desayuno en la Casa Gilardi para la entonces Escuela de Arquitectura de la Universidad Anáhuac México Sur en 2008. Invitamos a Toyo Ito, traído por José Luis Álvarez Tinajero a México, y creo que fue la primera vez que visité la casa, quizás unos días antes de ese evento. La vi tantas veces en fotografías durante mi formación como arquitecto, que en realidad no estoy seguro de cuándo fue la primera vez que estuve ahí. Entré a la carrera de Arquitectura en 1982, dos años después de que Barragán recibiera el Premio Pritzker, de tal suerte que era una época muy barraganiana y postmoderna a la vez, y ciertamente había obras "sobreexpuestas" tanto por la diversidad de publicaciones en las que aparecían como por la cantidad de veces que veíamos las mismas fotos todo el tiempo. Ronchamp de Le Corbusier, por ejemplo; cuando pude conocerla presencialmente sentí que ya había estado ahí, al grado de que no me emocionó tanto en vivo (emoción, término de cierta relevancia hablando sobre Barragán). El Pabellón de Mies van der Rohe en Barcelona sí, la obra de Siza más quizás, la de Louis Kahn muchísimo más sin duda. Para los arquitectos esto es parte de nuestro trabajo. Así, en el caso de las obras de Barragán, particularmente la casa Gilardi me produce la misma "admiración", digamos (un término que encuentro como intersección de la impresión y la emoción) que la de las fotografías, reconociendo también que se trata de una obra con momentos brutalmente fotogénicos, independientemente del contexto en el que se visite. La ocasión del citado desayuno, es una en la que me tocaba estar con la tensión de que todo saliera bien, pero cuando estuve en la casa recientemente como un visitante común, (espléndidamente atendido por Eduardo Luque a las nueve de la mañana para disfrutar la casa con la luz de esa hora y para asegurarme de lo que escribiría en este texto), fue otra cosa. Resulta muy curioso que la casa se diseñara con un programa previsto tanto para eventos/fiestas/recepciones, como para una familia, o, dicho de otra manera, que se diseñara para una familia que recibiría muchos invitados.

A fin de cuentas, la primera impresión es la de cada quien, acaso irrelevante o de poca monta y las imágenes —fotografías o recuerdos de los visitantes, que no de los usuarios— quedan en un "*Design Market*" tipo *Pinterest* o en algún sitio de la posverdad (distorsión deliberada de la realidad), en donde la obra es buena o mala según su popularidad y comentarios en las redes sociales. Con una perspectiva menos virtual, esta casa no entra en la categoría de "obra maestra sobre el papel, pesadilla para vivir." (a propósito del título del interesante artículo de Daniel Díez Martínez publicado en el diario *EL País* el pasado 18 de octubre de 2022). Todo, hasta donde sabemos, demuestra que esta casa, ***sirvió para el disfrute*** de sus dueños. Se trata de un lugar común en la obra de Barragán, la conciencia y la intencionalidad de los recorridos, la famosa 4ª dimensión que alude al tiempo que requiere la arquitectura para caminarse y descubrirse, sobre todo descubrirse; pasas por un umbral y te recibe algo, luego prosigues y te sorprende otra cosa, e increíblemente, eso no solo pasa la primera vez. El asombro parece no agotarse, los usuarios no dejan de sorprenderse en distintas épocas del año, a distintas horas, pueden gozar todo el tiempo, a saber.

Servir para el disfrute

Si dábamos por un hecho que la emoción era universal, debemos reconocer que, aunque hay obras maestras en todas las bellas artes, además de la arquitectura, la emoción es subjetiva, aunque exista consenso, nuevamente, en el número de *likes* o, digamos, en la crítica especializada asequible en revistas serias, libros —como en el que se publicará este texto— o publicaciones más o menos calificadas e indexadas. Alguna definición de Arquitectura de Barragán, por ejemplo, propone la emoción como su componente fundamental precisando que sí hay varias soluciones para un solo problema de espacio. "La función de la arquitectura debe resolver el problema material sin olvidarse de las necesidades espirituales del hombre".

Servir para el disfrute, del usuario, habría que añadir, alude a la condición utilitaria de la arquitectura: servir para algo. Pero hemos constatado, sin embargo, que el término servir también puede resultar impreciso en arquitectura, ya que un edificio puede servir para más cosas que para las que se diseñó. Una escuela puede ser un albergue, una exhacienda puede funcionar como hotel, la caja de seguridad de un banco puede ser un buen bar y foro para escuchar música en vivo ("el zinco") o incluso iglesias pueden servir como discotecas para rematar la imprecisión aludida; en arquitectura no todo, pero sí mucho, puede servir para otros usos, además de los previstos. Recordemos que Barragán tuvo un período "funcionalista", de visión inmobiliaria tal vez, pero podemos suponer que entonces no se pensaba en los cambios de uso de la arquitectura como un atributo de sostenibilidad o nada parecido,

Si bien "el disfrute", ahora sí, es un término subjetivo también, puede acotarse con atributos tales como tranquilidad, *confort*, o seguridad, antes que recogimiento, misterio, introspección, o "emoción" que de nueva cuenta se viven caso por caso. En la casa Gilardi es notable un disfrute que yo denomino, en mi propia práctica profesional, "la fiesta de perspectivas" que se producen con la composición cuidadosa de cada alzado de la casa, y muchos croquis, a saber. El visitante no analiza esta sucesión de fachadas interiores o exteriores, solo siente —percibe— el resultado a manera de disfrute, de la belleza resultante del proceso.

Así la belleza, en términos de lo descrito arriba, no es completamente subjetiva, es el resultado de algo estudiado y buscado, es conocimiento, y el espectador lo recibe con su sentir desde el gozo del espacio habitable. Si esto ocurre será Arquitectura, en el concepto de Luis Barragán. Desde mi perspectiva nuevamente, la belleza viene contenida en la palabra "habitable", hablando a cualquier escala, no solo la unifamiliar. Esta posibilidad (u obligación) de la arquitectura de generar belleza, producto de la composición que resuelve necesidades de confort, seguridad, o tranquilidad, es un derecho que está contenido en la palabra habitabilidad.

Proceso de diseño

Un querido amigo me compartió el texto "Trabajo con Luis Barragán" hasta entonces desconocido para mí, que escribió Raúl Ferrera (colaborador de Luis Barragán desde 1967 y socio a finales de los 70) en el catálogo de la exposición retrospectiva de Barragán en el Museo Rufino Tamayo de 1985, sobre el método de trabajo que se implementaba en el taller, en todos sus proyectos y, resulta muy interesante abordar la reflexión del proceso de diseño y la producción de su arquitectura, con esa perspectiva sobre todo porque tocaría a Ferrara desarrollar con Barragán el proyecto de la casa Gilardi.

El texto revela, entre otras cosas, que después de tener varias pláticas y escuchar cuidadosamente a sus clientes llegaban a precisar un programa arquitectónico, poniéndose en el lugar del usuario, e inmediatamente hacían un relato escrito imaginando —soñando— la obra, caminándola antes de dibujar una sola línea; una especie de cuento, es decir un ejercicio literario; algo aprendido de Ferdinand Bac: *"Se trata de 'soñar' el proyecto y hacer una historia hablada del mismo."* Una especie de descripción del proyecto como si ya existiera. En relación a la casa Gilardi podemos imaginar que relataron algo así como: hay una puerta de madera en un pequeño vestíbulo exterior contiguo a la banqueta, luego entrarás a un pasillo con un lambrín de madera que oculta puertas, más bien estrecho, que permite ver al fondo un vestíbulo que se abre con esculturas, que tiene una escalera lateral que flota y luego te deja ver otro pasillo amarillo al fondo, no sabemos.

Otra revelación del texto es la del color. *"El color es un complemento de la arquitectura, sirve para ensanchar o achicar un espacio. También es útil para añadir ese toque de magia que necesita un sitio"*. Pero nunca estaba decidido antes. Se hacían asesorar mucho de Jesús Reyes Ferreira, hacia el final de las obras, *"ya que le reconocía una idea de color y un gusto estético casi infalibles"*. Pues sí, sin duda alguna.

Otro buen amigo, fue colaborador de Diego Villaseñor, quien conocía muy bien a Barragán, y me cuenta que esta práctica del sueño relatado es totalmente cierta. El despacho de Villaseñor estaba frente al de Barragán y las personas que trabajaban en ambos talleres se conocían. Ferrera era muy escrupuloso y Villaseñor seguramente aprendió de Barragán esa metodología, que, a diferencia de un relato escrito, generalmente implementaba con un lápiz en mano sobre el levantamiento topográfico del terreno del proyecto. Mi amigo también comenta que lo que más recuerda del taller de Barragán era el silencio en el que trabajaban. Cualquier sonido, por menor que fuera prácticamente te aturdía, había un silencio absoluto, y yo supongo que esta atmósfera es la que habría ahí cuando se hizo la casa Gilardi; se puede percibir un eco de ello.

La casa presenta un esquema de fachada ciega muy ensayado por Barragán en su obras —intimidad y descubrimiento paulatino, tiempo— y vive hacia el patio interior con la famosa jacaranda. También interesa, desde otra perspectiva del espacio, que la casa son dos casas cuando localizamos a la estancia en una zona semipública, un nivel arriba, de paso a las recámaras, lo que desconcierta y derriba la idea de cualquier diagrama de funcionamiento como método de diseño, de casas. Eduardo Luque, en el recorrido exultaba nostalgia del hogar de su infancia, para subrayar la precisión del concepto "servir para el disfrute", en este caso de crecer, vivir la infancia o transitar a la adolescencia y, regresando a los invitados, ¿estarían más bien de pie?, ¿pondrían sillas, habría meseros circulando en el patio con la jacaranda que no tiene otro acceso más que desde la piscina?

Trascendencia y cultura

"Pienso que el proyecto es interesante, ya que el lote era bastante pequeño. Hicimos que el proyecto girara en torno a un patio donde existía un árbol muy hermoso. Creo que el espacio de la alberca está bien logrado. Es una alberca antiacadémica, mi arquitectura es antiacadémica en general [...] Yo pienso que en esta casa los colores y la luz están bien, sin embargo el patio necesita una fuente. La fuente no se pudo hacer por falta de presupuesto y por eso el patio quedó incompleto; y como el patio es el centro de la casa, hacia donde vive, el resto de la casa está también incompleta".

Me gusta, no es mi favorita de Barragán, ciertamente es un eslabón imprescindible en el conjunto de su obra, pero nuevamente eso no es lo importante, ni siquiera recordar que para el propio Barragán el patio está incompleto, ¿y por qué no lo completarían, quizás algunos años después? Supongo que para el propietario estaría completísima la casa y que el arquitecto rebasó todas las expectativas del cliente. Lo de la arquitectura antiacadémica es un hecho, bastaría ver el diagrama de funcionamiento de la casa y la distancia entre la cocina y el comedor-alberca para que algunos docentes la reprobaran, aunque ahí exista uno de los espacios más emblemáticos y fotografiados en la historia de la arquitectura contemporánea de México, acaso un sueño en vigilia de un arquitecto tan experimentado. En ese sentido, se podría traducir el término "arquitectura antiacadémica" por el de "arquitectura experimental", tan particular de la casa Gilardi, y en el supuesto de que la experimentación no cupiera en la academia, que también es algo cuestionable, o de la época de los años 70.

Pero durante toda la reflexión hace sombra el aspecto elitista y excepcional de este tipo de arquitecturas. ¿En qué casos se puede experimentar? Estamos frente a un caso excepcional de una arquitectura que pocos pueden pagar, pero que sin embargo inspiró a otras arquitecturas que ya pudieron introducir mayor escala, inclusive, como el caso de la obra de Ricardo Legorreta a partir del Camino Real de Mariano Escobedo, por citar el ejemplo inicial. Y, ¿todas estas reflexiones tienen vigencia? ¿La arquitectura sigue sirviendo para el disfrute?, ¿la emoción sigue siendo un atributo sustancial de la arquitectura?, La metodología del sueño relatado, ¿aplica para los problemas del espacio habitable de la humanidad hoy? vanguardia, velocidad, revolución tecnológica, fabricación digital, ¿que tienen que ver con estas perspectivas? Barragán puso a México en el mapa de la mejor arquitectura del mundo, con su rotunda autenticidad que pudo —eventualmente— circunscribirse al famoso regionalismo crítico de Keneth Frampton de 1983, pero con todo, es una arquitectura personal que para muchos reinterpreta a otras arquitecturas, que sirve para el disfrute y la alegría de vivir.

Terminado el texto hasta aquí, tuve la oportunidad de volver a la casa, invitado por ***Casa Gilardi + node*** a la inauguración de la exposición fotográfica *"Sicilia"*, de Giuseppe Leone, la tarde del 24 de noviembre de 2022. Una experiencia novedosa, ahora, visitar la casa como museo o galería, si se quiere. Un formato de evento distinto, a saber, en el que la casa sigue siendo la estrella inagotablemente fotogénica de la película. Estaba recién restaurada, si se puede decir así; lucía un notable brillo en sus colores y en su característica cantera de Aguascalientes que pavimenta la mayor parte de la planta baja. Allí tuve la suerte de platicar con Martín Luque, ahora, quien me compartió generosamente mucha información de la casa que aún desconocía. En el sentido y con la perspectiva de este texto, me resultó particularmente revelador que la casa no sólo se diseño para una familia que recibiría muchos invitados, como se lee cerrando el primer párrafo de este texto. La configuración familiar del cliente podía no haber estado completamente definida a la hora del encargar el proyecto al arquitecto, inclusive (había una importante brecha generacional cliente- arquitecto).

El proyecto en realidad pudo funcionar, eventualmente, tanto como una agencia de publicidad como una casa, según el desarrollo de la vida de los jóvenes clientes en ese tiempo. En la metodología del sueño escrito, en tanto suposición a final de cuentas, el relato no compromete necesariamente el uso o el motivo por el que uno se encuentra en la casa. Lo que ves, lo que te encuentras o lo que te sorprende en los recorridos del sueño es estar ahí, sin importar si estás solo, descansando o trabajando. Veamos: luego entrarás a un pasillo con un lambrín de madera que oculta puertas, más bien estrecho, que permite ver al fondo un vestíbulo —¿con mucha gente?— *que se abre con esculturas... que tiene una escalera lateral que flota* —¿con empleados o gente tomando fotos? - *y luego te deja ver otro pasillo amarillo al fondo* - ¿*con meseros?—...no sabemos.* Ni creemos, más que en el disfrute, la alegría de vivir, y la celebración de la Arquitectura ostensibles en el resultado, finalmente.

¿Casa o jardín? ¿pequeña o grande? ¿azul o rosa?

Autor: Ricardo Devesa

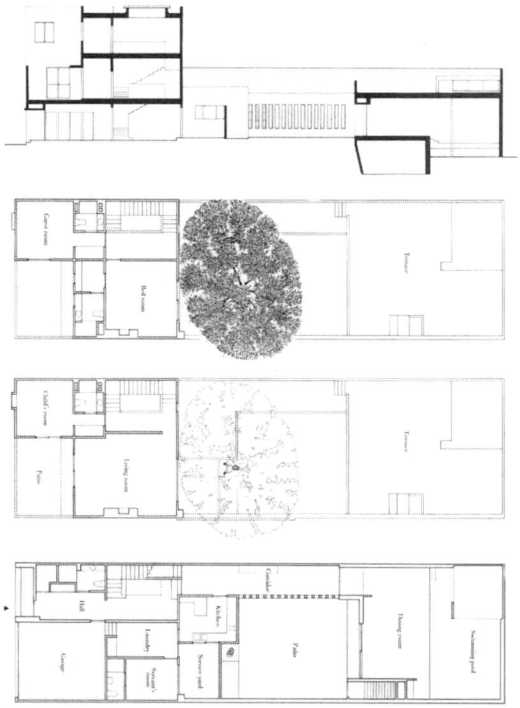

El jacarandá, plantas baja, primera y segunda, sección transversal de la casa Gilardi.

Luis Barragán, tras un periodo de diez años de inactividad, decidió proyectar la casa Gilardi (1975-1977) con la intención de salvar un jacarandá moribundo situado en medio de la parcela propiedad de Francisco Gilardi[1] y Martín Luque. El jacarandá no fue tomado únicamente como punto de partida de la casa, si no que también fue el detonante de las decisiones distributivas y perceptivas creadas alrededor de éste. En efecto, tanto las características morfológicas como las especificidades fisiológicas de este árbol — intensidad cromática de la floración y el peculiar aroma que desprende— fueron tenidas en cuenta por Barragán en relación con la casa[2].

El jacarandá preexistente está enclavado prácticamente a la mitad del largo de la parcela, un rectángulo de lados 10 por 35 metros: concretamente se sitúa a 15.35 metros de profundidad respecto de la línea de la fachada, sita en la calle Francisco León; y a 2.42 metros de la medianera orientada al sur. Si revisamos el proceso proyectual de la casa, recogido por Antonio Ruiz Barbarín[3], nos damos cuenta de que el árbol —ya desde la primera propuesta fechada el 30 de septiembre de 1975— marcó el límite de ocupación de la casa ubicada en toda la parte delantera del solar. En esta primera versión el programa se resolvió, de hecho, en la franja que va desde la fachada hasta el linde definido por el jacarandá. Barragán ya acumulaba, en dicha propuesta, todo el programa de la vivienda en una construcción de tres plantas, sin ocupar, por tanto, la parte trasera de la parcela.

Sin embargo, el arquitecto, atendiendo la necesidad de los propietarios de nadar diariamente en su casa, ubicó en esa parte posterior del solar una alberca cubierta. Por tanto, la parcela fue ocupada en sus extremos por dos volúmenes, y dejó un espacio vacío entre ellos. La conexión entre ambos bloques se resolvió mediante un pasadizo cubierto y adosado sobre el muro medianero orientado al norte. Asimismo, alrededor del retorcido tronco del jacarandá, y precisamente para ofrecerle soporte y protección, Barragán construyó dos muros en ángulo recto correspondientes a la fachada de la cocina y al muro que cierra el patinillo de servicios. Consecuentemente, definió un espacio descubierto limitado por los dos muros descritos, las fachadas del pasadizo y la alberca, y por el muro medianero situado al sur: un patio que acoge y protege al moribundo jacarandá.

El programa de la casa —desde el inicio del proyecto y hasta su construcción—, se divide pues en dos mitades claramente delimitadas por la posición del árbol emplazado a mitad del largo del solar. Ahora bien, el jacarandá ni se relaciona en planta baja con la parte delantera, ni pisa el ámbito cuadrado pavimentado del patio de la parte trasera. Barragán lo sitúa sobre una superficie de tierra rectangular: un alcorque delimitado por los dos muros que lo protegen, una plataforma o escalón y el borde del pavimento del patio.

---

1 Así lo cuenta el propietario: "Él quiso hacer la casa porque había un jacarandá, porque era muy cerca de su casa, y porque quería estar en contacto con una generación joven que de alguna manera mis amigos y yo representábamos". En Enrique X. De Anda Alanis. *Luis Barragán. Clásico del silencio.* Bogotá: Escala, 1989. La casa Gilardi fue realizada conjuntamente por Luis Barragán y Raúl Ferrera.

2 El jacarandá *(jacarandá mimosifolia)* es un árbol caducifolio, de la familia de las Bignoniáceas. Sus características morfológicas externas lo definen como un árbol de gran porte —de 6 a 10 metros de altura—, cuyas ramas y tronco son tortuosos e irregulares, con follaje caedizo y flores tubulares de color azul violáceo.

3 Ruiz Barbarin, Antonio. *Luis Barragán frente al espejo. La otra mirada.* Barcelona: Fundación Caja de Arquitectos, 2008, pp. 264-267.

Pasillo, alberca vista desde la esquina noreste, ventana del dormitorio y escalera con la puerta de salida a la terraza de la casa Gilardi.

Así pues, el tronco del jacarandá no pisa la superficie cuadrada del patio y de este modo se convierte en la punta de un compás sobre la cual pivotan las paredes, los espacios y, por consiguiente, las distintas estancias de la casa. El árbol se erige, tras estas decisiones formales, en el centro de la casa, sin estar exactamente en el centro geométrico de la parcela.

El uso que del color hace Barragán en la casa Gilardi merece un análisis pormenorizado, pues de éste se desprenderán ciertas relaciones, también, con el jacarandá. En los interiores de una y otra parte, predomina el blanco, si bien se alterna con superficies regulares pintadas de color estratégicamente localizadas. Por ejemplo, en la parte delantera, la puerta de la primera planta, que permite la salida a la terraza trasera, está pintada de color rosa en su cara exterior; y, del mismo modo, el cristal de la ventana del dormitorio de invitados, el único hueco que se proyecta en la fachada, también en la primera planta, está tintado de color amarillo. La luz natural reflejada sobre estas superficies coloreadas invade el espacio próximo, y que tiñen los paramentos cercanos. En la parte trasera, algunas superficies también fueron pintadas estratégicamente: todo el pasadizo de amarillo y del mismo color un muro esquinado en el comedor; de azul, el ángulo recto de la alberca y de rojo bermellón, la pared exenta que emerge del fondo de la piscina.

Barragán vincula pues las superficies pintadas en el interior a una fuente de luz natural. Lo logra, o bien a través de lucernarios o bien desde los propios vidrios tintados. De este modo el color se amplifica sobre el espacio por el efecto de la reflexión de la luz —y también por la refracción sobre el agua de la piscina—. En consecuencia, los espacios interiores de la casa Gilardi emanan sobre el visitante unos efectos cromáticos cambiantes y que provienen de unos pocos planos pintados e iluminados naturalmente: se crea, por tanto, una atmósfera cromática intensa y variable en su interior.

Por otro lado, en cuanto al uso del color en el exterior, Barragán resalta mediante ellos las dos partes en las que se estructura la casa Gilardi. En efecto, las fachadas del volumen delantero están pintadas, todas ellas, de color rosa — salvo un rincón del patio-terraza de la primera planta que lo está en azul—. La elección del color rosa, según cuenta el propietario en una entrevista, fue porque le dijo que quería "una casa rosa", pues el uso de este color ya se había convertido en marca de su propio estilo[4]. En cambio, las fachadas de la parte trasera se pintaron de blanco. Por ello, los colores aplicados a los muros exteriores se identifican con las dos partes que configuran la casa: estos, por lo tanto, revelan el orden formal de su organización en dos grandes cuerpos destinados a dos funciones domésticas: la de carácter íntimo y la más social —la alberca— en la parte trasera[5].

---

4 "Entrevista con el Sr. Francisco Gilardi", en op. Cit, De Anda.

5 De la descripción anterior extraemos que en la casa Gilardi, Barragán emplea su habitual paleta de colores: rosa, azul violáceo, azul cobalto, rojo bermellón y amarillo oro. Y si tenemos en cuenta el ocre oscuro del pavimento y el blanco, estos sumarán un total de siete colores. Tres de ellos pueden presentarse como primarios —azul, rojo y amarillo— y el rosa y el azul violáceo como variaciones de éstos. Ahora bien, los considerados como primarios, tampoco lo son en estado puro, pues se presentan matizados por la intensidad de la luz natural que los ilumina y por sus reflejos, así como por unas tonalidades que son variación de los colores puros.

Fachada y imágenes parciales del patio trasero de la casa Gilardi.

El muro medianero orientado al sur, que no pertenece a ninguna de las dos partes de la casa sino al patio vinculado al jacarandá, fue pintado de un color distinto al resto de superficies descritas hasta ahora. El propio Francisco Gilardi, cuenta en una entrevista que "el patio principal (Barragán) lo pintó naranja con blanco, pero se dio cuenta que debía pintarlo del color de las flores del jacarandá y así quedó".[6] En efecto, el jacarandá tiene la particularidad de que florece dos veces al año, en primavera y en otoño, y que sus inflorescencias racimosas, y de forma tubular, son de color azul violáceo —aunque a veces puede derivar hacia un color rosáceo—. Dichas flores permanecen, además, largamente en el árbol y su color se mantiene incluso cuando se desprenden y llegan a cubrir prácticamente la totalidad del pavimento del patio.

Dadas estas particularidades de las flores del jacarandá, a continuación, desarrollaré brevemente, como si de un cuento se tratara, los cambios espaciales que sufre el conjunto de la casa. Transformaciones debidas, precisamente, a las interacciones cromáticas dadas entre la casa y el árbol.

6 "Entrevista con el Sr. Francisco Gilardi", en op. Cit, De Anda.

1. *Un jardín pequeño y azul, en una casa grande y rosa.*
En efecto, la casa Gilardi contiene un ínfimo jardín definido por un solo árbol: el jacarandá existente. Un jardín pequeño en proporción con el resto de la casa edificada. Un jardín azul, pues efectivamente las flores del jacarandá son de color azul violáceo. Dicho jardín pequeño y azul está en una casa grande y rosa. Grande ya que ocupa la totalidad de la parcela. Y rosa, por ser dicho color el que, exteriormente, la cubre prácticamente —por propia decisión del propietario, como apunté anteriormente—.

2. *Una casa grande y rosa, en un patio pequeño y azul.* Efectivamente, esta casa grande y rosa contiene en su interior, un patio pequeño. Un espacio libre recintado por todo lo construido sobre el solar. Un patio cuadrado, como dije, de color azul de las flores del jacarandá; azul por el muro medianero orientado al sur; y, también, azul, aunque temporalmente, cuando las flores caídas del árbol lo pavimentan.

3. *Un patio pequeño y azul, en un jardín grande y rosa.* En realidad, este patio pequeño y azul forma parte de un recinto mucho mayor: aquel que se define por los tres muros medianeros —elevados por encima de la altura del volumen trasero— y por la fachada rosa del volumen principal; un recinto cuyas cornisas de dichos muros alcanzan la altura máxima que define la copa del jacarandá. Por consiguiente, tenemos un jardín más grande que el propio patio y que ocupa toda esta parte trasera de la casa. Un jardín cuyo color rosa, de nuevo, predomina. Rosa por ser el color de la fachada del cuerpo delantero de tres plantas y rosa, por los matices que, aveces, también toma la floración del jacarandá: un jardín, por tanto, grande y rosa.

Puerta de entrada y detalle de la alberca de la casa Gilardi.

4. Un jardín grande y rosa, en una casa pequeña y azul.

Por último, este jardín, grande y rosa, se percibe desde el propio portal de entrada a la casa, igualmente pintado en rosa, y desde cuyo ingreso se huele el especial aroma del jacarandá —cuando está en flor—. En efecto, desde que entramos a la casa, nos damos cuenta de que ingresamos en un jardín: grande y de color rosa, pues aunque su interior sea blanco, en el hueco de la escalera, debido al reflejo de la luz en la puerta rosa entreabierta de la primera planta, el rosa es el color que baña las paredes interiores. Por lo tanto, si entrar en la vivienda significa, en realidad, acceder a un jardín, el verdadero centro de la casa es aquel que percibimos al final del solar, el espacio cubierto de la alberca. Dos muros en ángulo recto de color azul, bañados por la luz natural que desciende desde el lucernario y que asciende desde el fondo de la alberca. En realidad, este espacio es el verdadero centro de la casa. Un espacio reflexivo, pequeño en relación con las dimensiones de la parte delantera. Un espacio íntimo, de carácter sagrado. En definitiva, dicho espacio es la verdadera casa, pequeña y azul, situada en un jardín grande y rosa.

Por consiguiente, ¿casa o jardín? ¿pequeña o grande? ¿azul o rosa? En la casa Gilardi todo es relativo. Un cambio de carácter deseado, incluso, por el propio Luis Barragán y recogido ya en esta temprana reflexión suya: "que las casas sean jardines, y que los jardines sean casas[7]". Convertir, por tanto, la vivienda en jardín —y el jardín en casa—, es debido, y gracias, a las relaciones establecidas entre los elementos arquitectónicos y el jacarandá.

7 Luis Barragán. "Apuntes de Nueva York. Ideas sobre jardines", 1931, en Antonio Riggen, edt. *Luis Barragán. Escritos y Conversaciones.* Madrid: El Croquis, 2000, pág. 15.

Bibliografía consultada:

Alfaro A, Daniel Garza Usabiaga y Juan Palomar (2011). *La casa de Luis Barragán. Un valor universal.* México, Editorial Rm; Fundación Bancomer y FATLB.

Alfaro, A. (1996). *Voces de tinta dormida. Itinerarios espirituales de Luis Barragán.* Artes de México.

Ambasz, E. (1980). *The architecture of Luis Barragán.* Estados Unidos de América, The Museum, of Modern Art New York.

Barragán, L. y Raúl Ferreira (1985). *Ensayos y apuntes para un bosquejo crítico. Luis Barragán,* Ciudad de México, México, Museo Rufino Tamayo.

Barragán, L. y Raúl Ferreira (1985). Luis Barragán Arquitecto. Ciudad de México, México, Museo Rufino Tamayo.

Buendía Júlbez, Juan Palomar y Guillermo Eguiarte (1996) *Luis Barragán,* México Reverte ediciones.

Campos, M y Catalina Corcuera (2015). *Luis Barragán. Arquitecto de la luz y el silencio.* México. Ediciones Tecolote.

Casa Luis Barragán (2009). *Homage to the square Josef Albers.* México, Editorial Rm.

Eggener, K. (2001). *Luis Barragán ´s Gardens of el Pedregal.* China, Princeton Architectural Press New York.

Figueroa A. (2002). *El arte de ver con inocencia. Pláticas de Luis Barragán.* México, Universidad Autónoma Metropolitana Unidad Azcapotzalco.

Fundación de Arquitectura Tapatía (2022) *Reporte al Tapatío.* México, Arton Art Group.

González, F. (1991). *Ignacio Díaz Morales habla de Luis Barragán. Conversación con Fernando González Gortázar.* México, Editorial Universidad de Guadalajara.

González, F. y Federica Zanco (2014). *Las Torres de Ciudad Satélite.* México, Arquine en colaboración con el Instituto Nacional de Bellas Artes y Literatura.

Jiménez, J. (2001) *Luis Barragán: a cien años de su nacimiento (1902-1988)* en De Diseño. Diseño Arquitectura Arte No. 37 Año 7. Ciudad de México, México. Grupo Malabar.

Kassner, L. (2002). *Chucho Reyes.* México, Editorial Rm.

Palomar, J. (2022). *Barragán por Palomar.* Guadalajara, México. Impronta Casa Editora.

Pauly, D. (2002). *Barragán Space and shadow, walls and colour.* Alemania, Birkhäuser.

Rispa, R. (1996). *Barragán. Obra completa.* México, Colegio de Arquitectos de la Ciudad de México. Tanais Ediciones y Ramón Llaca y CíA., S.A.

Ruy, A. (2019) *Tiempo de los espejos,* en Dicen las Jacarandas, Ciudad de México, México Ediciones Era.

Santa Ana, L. (2017). *Luis Barragán Morfín: Regionalist Architecture?* México, en Academia XXI. Primera época. Año7 Número 14 agosto 2017- enero 2017. Universidad Nacional Autónoma de México.

Zanco, F. (2001). *Luis Barragán. La revolución Callada.* Milán, Barragán Foundation y Vitra Design Museum, Skira editore.